Christophe Domes

Heilige Geist, der: nahbarer Gott,
engster Vertrauter und größter Wunderwirker

Über den Autor

Christophe Domes wurde 1982 in Karlsruhe geboren und lebt mit seiner Frau und seinen drei Kindern in Berlin. Nach einer dreijährigen Bibelschule begann er 2005 mit seiner Gebets- und Evangelisationsarbeit, die 2008 zur Gründung der Gemeinde *diekreative Berlin* führte, deren Hauptpastor er seitdem ist. Zu seinen Hauptaufgaben zählen neben der visionären Tätigkeit innerhalb des Gemeindekontexts die geistliche Zurüstung von anderen Leitern innerhalb und außerhalb der Gemeinde und Sprechertätigkeiten in verschiedenen Konferenzformaten.

CHRISTOPHE DOMES

HEILIGE GEIST, DER

NAHBARER GOTT, ENGSTER VERTRAUTER, GRÖSSTER WUNDERWIRKER

Über ein faszinierendes Leben in der Kraft Gottes

GerthMedien

FSC www.fsc.org MIX Papier | Fördert gute Waldnutzung FSC® C014496

4. Auflage 2025
Bestell-Nr. 817783
ISBN 978-3-95734-783-1

Umschlaggestaltung: Andras Sonnhüter; grafikbuero-sonnhueter.de
Umschlagfoto: Gayvoronskaya_Yana, passion artist / Shutterstock
Satz: Apel Verlagsservice, Celle
Druck und Verarbeitung: GGP Media GmbH, Pößneck
Printed in Germany

www.gerth.de

Ich widme dieses Buch meiner geliebten Frau Miriam,
mit der ich (Stand heute) drei wunderbare Kinder habe.
Gemeinsam haben wir die Gemeinde *diekreative* in Berlin
gegründet und sind zusammen durch wunderschöne
wie auch herausfordernde Zeiten gegangen.
Danke für deine Liebe, deinen Witz, deine Treue und
deine Hingabe an Jesus und unsere Familie. Ich liebe dich!
– *Applaus, Applaus* –

DANK

Mein Dank im Kontext dieses Buches gilt so vielen!

Ich danke meinen Eltern, die mich durchgeliebt und durchgebetet haben und die Jesus bis heute treu dienen.

Ich danke dir, Miriam, für so vieles (was ich schon in der Widmung erwähnt habe), aber in diesem Kontext ganz konkret fürs Anfeuern und mir den Rücken freihalten, um dieses Buch schreiben zu können. Das gilt natürlich auch für unsere Kinder Enya-Lael, Yannis-Immanuel und Jonathan-Elijah, die ich so sehr liebe.

Ich danke meinen Freunden, die mitgebetet und mitgeglaubt haben. Hier seien nur ein paar erwähnt: unsere Gemeindeleitung (Marc, Dunja, Matthias, Rike, Karsten, Marisa, Jutta), Oliver, Gareth, Basti, Daniel from Africa und Wes, aber auch Dominik, Lukas, John und Debbi, Merveille, Nicole, Aaron Lewin, Tom Schneider und Tom Koch.

Dann möchte ich meinen Freunden und Mentoren Martin und Monika Hartmann danken, die mich in den allerersten prophetischen Schritten mit dem Heiligen Geist unterstützt haben und die seit Jahren eine Hilfe, Ermutigung und Begleitung für mich und für unsere Gemeinde sind.

Liebe Tabea, durch dich habe ich Jesus kennengelernt. Danke für deine Gebete und deinen Mut. Lieber Alex, dir danke ich, dass du mir ein so guter Freund warst beim Übergang in ein neues Leben.

Zudem danke ich zwei geistlichen Vätern unseres Landes: Peter Wenz, in dessen Gemeinde ich mich bekehrt habe und der eine große Inspiration für mich ist, und Wolfhard Margies, dessen kraftvolle Lehrgabe mir und vielen anderen zum Segen geworden ist.

Erwähnt sei auch Désirée Wiktorski von Gerth Medien, durch die dieses Projekt überhaupt erst zustande kam und die es über den gesamten Prozess vorzüglich begleitet und dadurch geschärft und abgerundet hat.

Zu guter Letzt gilt mein Dank meiner Heimatgemeinde *diekreative Berlin.* Gemeinsam jagen wir dem Herrn und seinen Absichten nach. Danke für euren Hunger, euren Glauben und eure Hingabe.

INHALT

VORWORT – HUNGER NACH MEHR!

Deutschland steckt gerade im ersten Corona-Lockdown, als mich mein Bibelleseplan in die Apostelgeschichte führt, die geradezu getränkt ist von Berichten über große Zeichen und Wunder, von denen die ersten Jünger Zeugen werden. Nach ein paar Tagen intensiver Beschäftigung mit diesem faszinierenden Buch aus dem Neuen Testament sage ich deshalb, halb trotzig, halb hoffend, zu Gott: „Jesus, jetzt könnten wir doch auch mal wieder solche Zeichen und Wunder gebrauchen! Diese Pandemie wäre doch die perfekte Möglichkeit, um der ganzen Welt deine Macht zu beweisen …"

Doch die großen Heilungswunder und großflächigen Erweckungsbewegungen, um die ich anschließend kühn gebetet habe, bleiben aus. Dafür bleibt etwas anderes: dieser Hunger in mir. Dieser Hunger nach mehr, der mich immer wieder anfeuert, wild hoffen und groß glauben lässt, aber der mich manchmal auch mürbe werden lässt. Dieser Hunger nach dem, was mein Kopf längst über Gott weiß, aber mein Herz noch nicht glauben kann, weil meine Augen es noch nicht gesehen haben. Kurz gesagt: dieser Hunger nach Zeichen und Wundern, wie sie zu Zeiten der Apostelgeschichte offensichtlich zur Tagesordnung gehörten. Damals schien es ganz natürlich, übernatürliche Erfahrungen mit diesem übernatürlichen Gott zu machen – und genau diese Form von „Normalität" wollte und will ich auch! Ja, ich habe schon erstaunliche

Dinge mit Gott erlebt, und doch ist da diese schmerzhafte Diskrepanz geblieben zwischen dem, was ich in der Bibel lese, und dem, was ich in meinem Alltag erlebe …

Ich nutze die Zeit des ersten Lockdowns und schaue mir online auch mal Gottesdienste von anderen Gemeinden an. Irgendwie stoße ich dabei auf die Gottesdienste von „diekreative Berlin". Mich fasziniert sofort, wie „alltäglich" das Übernatürliche dort ist. Wie ganz konkret und herrlich unspektakulär mit dem Wirken des Heiligen Geist gerechnet wird, und wie er sich gleichzeitig so spektakulär zeigen darf, wie er möchte – in Visionen, Träumen – und Zeichen und Wundern. „Genau das will ich auch!", denke ich mir.

Seitdem höre ich mir regelmäßig die Predigten von Christophe Domes, dem Hauptpastor der Gemeinde an, bis ich eines Abends einen Impuls verspüre: „Schreib ihm doch mal, ob er sich nicht vorstellen könnte, ein Buch über das alltägliche übernatürliche Leben mit Gott zu schreiben."

Ich schreibe ihn kurzerhand an, und seine Antwort verblüfft mich: „Ich habe das tatsächlich schon lange auf dem Herzen, aber ich habe den Heiligen Geist gebeten, dass der Impuls zu diesem Buchprojekt von außen kommen muss, damit ich weiß, dass es auch wirklich dran ist."

So wurde ich im März 2020 selbst Zeuge davon, dass und wie der Heilige Geist wirkt – auch durch mich. Durch die Gottesdienste der Gemeinde, die ich weiterverfolgte, sowie durch die unterschiedlichen Online-Kurse, an denen ich teilnahm, wagte ich mich seitdem auf eine Entdeckungsreise, auf der ich den Heiligen Geist ganz neu kennenlernte – und ihn immer noch kennenlerne. Und das, obwohl dieses Thema aufgrund so mancher Meinungen und Haltungen innerhalb der Christenheit und der dadurch entstandenen eigenen

Unsicherheiten und Befürchtungen irgendwie ein angstbesetztes für mich geworden war.

Doch ich wagte „die Flucht nach vorne“ und die Predigten und Vorträge von Christophe Domes über den Heiligen Geist schafften es schließlich, mich buchstäblich ganz neu zu begeistern. Vor allem haben sie mir eines gezeigt: Mein Hunger nach „mehr“ zeugte nicht etwa von einer Undankbarkeit über den Istzustand, sondern war durchaus gut begründet: Denn da GIBT es tatsächlich noch so viel mehr zu erleben, wenn wir in engster Verbindung mit dem Heiligen Geist durchs Leben geben! Dieses wertvolle Buch soll deshalb beides: Hunger auf dieses Mehr machen und gleichzeitig eine tiefe Sehnsucht in uns stillen. Die Sehnsucht danach, diesen großen, wunderwirkenden Gott besser kennenzulernen, der gleichzeitig unser engster Vertrauter und bester Freund werden will – und das alles durch seinen wunderbaren Heiligen Geist!

Oft verkannt oder nur mit den „Charismatikern“ in Verbindung gebracht, verschließen sich jedoch immer noch viele ChristInnen vor dem, was nicht nur eine nette Zugabe, sondern die Voraussetzung für ein wirklich erfüllendes und kraftvolles Leben mit Gott ist – seinem übernatürlichen Wirken. Dabei gibt es nichts, was unser Glaubensleben mehr „revolutionieren“ kann. Wie das konkret geht? Das erfährst du in diesem Buch, das ich ausnahmslos jedem Christen und jeder Christin dringend ans Herz lege zu lesen!

Désirée Wiktorski, die „begeisterte“ Lektorin

EINLEITUNG – ES LIEGT WAS IN DER LUFT!

Ein Traum wird wahr: Ich liebe den Heiligen Geist – und wollte schon lange ein ganzes Buch über ihn schreiben! Seit ich Jesus kenne, ist es mein Wunsch, dass seine Liebe, seine Macht und seine Herrschaft sichtbar und erlebbar werden. Und das hat so viel mit dem Heiligen Geist zu tun! Aus diesem Grund wollte ich schon lange einmal meine Gedanken zu ihm und Erlebnisse mit ihm in Form eines Buches sammeln. Schnell habe ich bei der Realisierung dieses Traumes jedoch gemerkt, dass der Platz nicht ausreichen wird für all die verschiedenen Aspekte dieses Themas. Ich schreibe das einleitend, um dir gleich zu sagen: Dieses Buch ist keine vollständige Abhandlung zum Thema „Der Heilige Geist". Ich musste einzelne, auch gewichtige, Themen ausklammern, damit möchte ich jedoch nicht deren Bedeutung oder Notwendigkeit schmälern. Die Aspekte, auf die ich mich in diesem Buch fokussiert habe, sollen vielmehr „Hunger nach mehr" in dir bewirken.

Seit mehreren Jahren lehre und reise ich, um über den Heiligen Geist, seine Persönlichkeit und seine Wunderkraft zu reden, und oftmals begegnen mir dabei ähnliche Fragen, Unsicherheiten, aber auch immer wieder dieselben gedanklichen Bollwerke, die sein Wirken begrenzen. Diese Erfahrungen sind in die Auswahl meiner Themen mit eingeflossen.

Im ersten Teil dieses Buches spreche ich hauptsächlich über den Heiligen Geist als unseren übernatürlichen Partner und Freund – und darüber, wie das alltägliche Leben mit ihm aussehen kann. Im zweiten Teil geht es vor allem um die übernatürliche Kraft und die Wunderwirkungen des Heiligen Geist, nach der wir uns ausstrecken dürfen, um anderen zu dienen und Jesu Namen zu verherrlichen. Der erste Teil des Buches ist ein notwendiges Fundament und gibt wichtige Antworten, die im zweiten Teil vorausgesetzt werden.

Gleich zu Beginn ist es mir wichtig, darauf hinweisen, dass das Ziel unseres Lebens mit Gott nicht zuerst Wissen über Gott, sondern Erfahrungen mit Gott sind. Wenn ich von den schönsten Bergwelten höre, den paradiesischsten Stränden, den belebtesten Großstädten, dann weckt das in mir den Wunsch, diese Orte selbst zu bereisen. Ich möchte nicht beim Hörensagen stehen bleiben, ich möchte sie sehen, spüren, schmecken. Und es ist meine Hoffnung, dass in dir derselbe Hunger nach eigenen Erfahrungen geweckt wird, wenn du in diesem Buch vom Wirken des Heiligen Geists hörst beziehungsweise liest.

Es gibt Augenblicke, da ist unser Herz angerührt und etwas bewegt uns ganz tief drin. Solche Momente können ausgelöst werden durch große Freude und Begeisterung, aber auch durch Trauer, Schmerz oder unerfüllte Sehnsucht. Wenn du während des Lesens solche Augenblicke erleben solltest, möchte ich dich ermutigen, nicht einfach schnell weiterzulesen, sondern „stehenzubleiben." Innerlich habe ich dabei Mose vor Augen, der den brennenden Dornbusch sah: „Und er sah hin, und siehe, der Dornbusch brannte im Feuer, und der Dornbusch wurde nicht verzehrt. Und Mose sagte sich: Ich will doch hinzutreten [vom Weg abbiegen] und diese große Erscheinung sehen, warum der Dornbusch nicht verbrennt. Als aber der HERR sah, dass er herzutrat, um zu sehen, da rief ihm Gott mitten aus dem Dornbusch zu und sprach: Mose! Mose! Er antwortete: Hier bin ich" (2. Mose 3,2–4; ELB).

Mose bemerkte etwas Außergewöhnliches und entschied sich abzubiegen. „Als aber der HERR sah, dass er herzutrat ...", da fing Gott an mit ihm zu reden. Wie oft haben wir diese Zeit oder diese Sensibilität nicht. Wenn wir Freunde und Partner des Heiligen Geistes sein und seine wunderwirkende Kraft in unserem Leben sehen wollen, müssen wir lernen, es zuzulassen, dass er an manchen Stellen unsere wohldurchdachten Zeitpläne, Prioritäten und Wege durcheinanderbringt. Andere wiederum müssen verstehen, dass diese Regungen des Herzens nicht unbedeutend sind, sondern dass sie Einladungen des Heiligen Geistes sind, hinzuzutreten. Ich werde das später ausführlicher erklären, aber für jetzt sei gesagt: Wenn zwischendurch dein Herz brennt, deine Sehnsucht erwacht, Schmerz, Trauer oder ähnliches spürbar werden, dann lies nicht einfach weiter. Bleib stehen, warte, biege ab und lass zu, was da zum Vorschein tritt. Sprich mit Gott darüber, sei ehrlich, lass die Tränen fließen, öffne dein Herz und schau, was er dir sagen oder zeigen möchte.

Und noch etwas ist mir wichtig, zu betonen: Wie ich einleitend gesagt habe, ist es mein tiefes Verlangen, Jesus in unseren Städten und Ländern großzumachen. Deshalb soll dieses Buch Glauben, Kühnheit, Vertrauen und Hunger wecken und ist weniger seelsorgerlich – man kann schwer voller Glauben und Siegesgewissheit in eine Schlacht rufen und gleichzeitig als Seelsorger fungieren.

Lies dieses Buch deshalb wie eine Einladung zu einem großen Abenteuer mit einem treuen Freund, zu einer spannenden Reise, zu einem „Ruf zu den Waffen". Gewiss wird es „unterwegs" Hindernisse, vielleicht auch Rückschläge, geben, aber unser Herr und seine Sache sind es allemal wert. Also, volle Kraft voraus, bis wir den Himmel jubeln hören:

„Nun gehört die Herrschaft über die Welt unserm Herrn
und seinem Christus, und er wird regieren
von Ewigkeit zu Ewigkeit."
Offenbarung 11,15

PROLOG: ZWISCHEN HIMMEL UND ERDE

Ich sitze neben einem Mann Mitte 50. Seinem massiven Goldring zufolge scheint er beruflich sehr erfolgreich zu sein. Wir kommen ins Gespräch und es stellt sich heraus, dass er weltweit Immobilien verkauft und gerade auf dem Heimweg in die USA ist. Ich dagegen bin Pastor einer Berliner Gemeinde und habe mir angewöhnt, die Neugierde meiner Gesprächspartner zu wecken, indem ich diese Information immer mit dem Hinweis verbinde: „Hätte ich auch nie gedacht, dass das mal mein Beruf sein wird ... bis ich eben dieses Erlebnis mit Jesus hatte!“

Stille.

„Was hatten Sie denn für ein Erlebnis, wenn ich fragen darf?“

Natürlich dürfen das meine Gesprächspartner fragen – und du natürlich auch, wenn du dieses Buch liest. Ich liebe es, diese Frage zu beantworten!

Nun, die Kurzversion ist folgende: In gewisser Weise bin ich christlich groß geworden in einem behüteten Umfeld in der Nähe von Stuttgart, mit Eltern, die Gott bis heute lieben. Die Gemeinde, die meine Familie besuchte, war zum damaligen Zeitpunkt allerdings überzeugt, dass manche jüdischen Gesetze bis heute gültig sind, und so hielten wir gemeinsam den Sabbat, achteten auf jüdische Speisegebote (aßen also keinen Schweinebraten und keine Krabben) und feierten statt Weihnachten und Ostern die jüdischen Feste wie Passah, Jom Kippur und das Laubhüttenfest. Diese Erfahrungen bildeten einerseits gute Grundlagen für mein weiteres Leben, aber auf der anderen Seite lernte ich zu viele Regeln und zu wenig Jesus kennen. Die Folgen einer solchen Dynamik sind oftmals ähnlich: Ab dem Alter von 13 Jahren floh ich zuerst innerlich und später auch äußerlich aus der frommen Umgebung und machte meine eigenen Erfahrungen in einem Leben ohne Gott.

Diese „gottlosen“ Teenagerjahre auf dem Weg zum Erwachsenwerden waren zwar wild und voller Abenteuer, und doch fühlte ich mich immer wieder unfrei und der Verzweiflung nahe. Etwas fehlte mir so sehr, nur hatte ich keinen Namen dafür.

Als das Abitur näher rückte und sich die Frage aufdrängte, wie es danach denn nun weitergehe, wurde mir klar, dass ich meinen Zivildienst in Afrika machen wollte. Zu meinem großen Frust fand ich jedoch nur christliche Anbieter, und so viel wusste ich: „Mit Christen werde ich gewiss nichts machen.“

Schnell stand mein Entschluss fest, den schönen Süden Deutschlands dennoch zu verlassen und anstatt nach Afrika dann eben nach Berlin zu gehen. Doch als ich ungefähr vier Monate vor dem Umzug gemeinsam mit einem Freund fürs Abi lernte, las der mir plötzlich eine Parabel von C. S. Lewis vor. Die Quintessenz dieser Erzählung war, dass man nur an Gott glauben könne, wenn er sich einem offenbare[1].

Das war wie die Antwort auf eine Frage, die ich nicht gestellt hatte. Gott musste sich mir offenbaren, sonst konnte ich nicht an ihn

---

1 C. S. Lewis: Pardon, ich bin Christ. Fontis – Brunnen Basel 2016, S. 147–148

glauben. Das machte so viel Sinn. Seit Monaten fand ich innerlich immer weniger zur Ruhe. Ich war voller Sehnsucht, nur wonach, das wusste ich nicht genau: Wahrheit, Gerechtigkeit, Frieden, Liebe, Geborgenheit, Freiheit, Leben – ich hatte Sehnsucht nach so vielem und dabei hatte ich eigentlich alles. Beziehungen, Liebe, Freunde, Eltern, in den mir wichtigen Dingen Erfolg und einen tollen VW-Bus zum Reisen … Trotzdem war ich leer, so was von leer. Gott und Kirche war das letzte gewesen, wonach ich gesucht hatte. Aber plötzlich fühlte sich diese Aussage über Gott so wunderbar an. Vielleicht war Gott doch das, was ich brauchte, vielleicht konnte man ihn wirklich kennenlernen. Vielleicht gab es da doch mehr …

Abends, allein in meinem Bett, sprach ich in die Dunkelheit hinein: „Gott, wenn es dich gibt – ich glaube das zwar nicht und all das kommt mir lächerlich vor –, aber wenn es dich doch gibt, dann zeig mir das. Ich weiß auch gar nicht, wer du bist und wie du bist. So viele Menschen erzählen unterschiedliche Dinge – die einen so, die anderen so. Ich hab keine Ahnung, was davon stimmt, aber wenn es dich gibt, dann zeig es mir!“

Völlig unerwartet geschah plötzlich ... nichts!

Stattdessen wurde ich am darauffolgenden Tag nach einem netten Gespräch mit einer Mitschülerin in einen Gottesdienst eingeladen. Ehrlich gesagt weiß ich nicht, ob ich die Verbindung zu meinem „Gebet“ am Abend zuvor herstellte oder einfach aus Neugier und Höflichkeit Ja sagte, aber so kam es, dass ich am 17. März 2002 mit 19 Jahren nach sehr langer Zeit mal wieder in einem Gottesdienst saß.

Tolle Musik, tolle Leute, jung und alt, mit Dreads und barfuß, dann wieder ganz normal, schick, spießig, mit Kindern und ohne. Tolle Predigt. Ein gutes Erlebnis. Das war’s.

Kurz bevor der Gottesdienst vorbei war, sagte der Pastor jedoch, dass er noch eine wichtige Frage habe: „Wenn du heute hier bist und noch keine persönliche Beziehung mit Jesus hast, dann ruft dich Gott heute nach Hause. Hier ist jemand, der kannte Gott als Kind, aber ist nun schon viele Jahre weg. Möchtest du zurück?“ Herzklopfen. Mir wurde heiß und kalt, irgendwie war das alles zu viel für mich. Eigentlich waren es doch nur Worte, aber es war so viel mehr. Meine Sehnsucht, meine Suche – plötzlich wollte alles in mir nach Hause kommen und mit Gott versöhnt sein. Mein Innerstes hatte schon etwas verstanden, was mein Kopf noch überhaupt nicht fassen konnte.

Wenige Augenblicke später kniete ich mit einigen anderen Besuchern vorne auf dem Boden, und unter Tränen betete ich mit: „Herr Jesus, ich glaube, dass du Gottes Sohn bist. Danke, dass du am Kreuz für meine Schuld gestorben bist. Vergib mir alle meine Fehler, mach mich weiß wie Schnee ...!“

Viel mehr weiß ich nicht mehr von diesem Gebet, aber was ich noch weiß, ist folgendes: Christophe Domes, der noch zwei Stunden zuvor davon überzeugt war, dass er nicht so sehr Teil des Problems sei, sondern vielmehr Teil der Lösung, der mit Christen, Gott und Kirche nichts zu tun haben wollte, war plötzlich überzeugt davon, dass sein Stolz, seine Selbstgerechtigkeit und vieles mehr zutiefst Teil des Problems war, dass er absolut verloren und ein Sünder war und unbedingt Erlösung brauchte.

Im selben Moment wusste ich jedoch auch, dass Jesus die Antwort ist, dass er wirklich für meine Sünden gestorben ist, dass er wirklich lebt und mich unglaublich liebt. Mich, Christophe, mit all meinen Fehlern und Unvollkommenheiten, wollte er haben, dafür war er gestorben. Und ja, diesem Jesus wollte ich mein Leben geben, ich wollte, dass dieser wunderbare Retter mein Herr wird. Ich wollte ihm folgen, ihm ganz gehören und tun, was er von mir verlangen würde.

Das sind große Worte und Gedanken, die damals in mir waren. Ihre Tragweite verstand ich noch nicht, aber ich wusste, dass dieses neue Leben mit Jesus genau das ist, was ich wollte. Die Bibel nennt diesen Sinneswandel „von Neuem geboren werden“ *(vgl. Johannes 3,3)* und das wurde ich an jenem Sonntag im Frühling 2002. Der Frieden, der sich in diesen Augenblicken in meinem Innersten ausbreitete, ist schwer zu beschreiben und unbezahlbar. Ich war endlich Zuhause angekommen. Und von dort wollte ich nie wieder weg. So war es für mich nur eine logische Konsequenz, dass ich diesem wunderbaren Gott mein ganzes Leben widmen wollte. Ob nun als Schauspieler, Politikstudent oder etwas ganz anderes, wusste ich damals noch nicht. Umso glücklicher war ich, als Gott mich als Gemeindegründer berief und mich über verschiedene Etappen 2008 schließlich aussandte, um gemeinsam mit meiner Frau (die ich auf der Bibelschule kennengelernt hatte) und einem kleinen Team eine Gemeinde im früheren Ost-Berlin zu gründen. So hat dieses Erlebnis mit Gott mein ganzes Leben umgekrempelt, und auch, wenn ich natürlich zwischendurch mal schlechte Tage hatte, ist dieser überwältigende Frieden, den ich bei meiner ersten Begegnung mit Gott hatte, bis heute geblieben.

Tränen rinnen über das Gesicht meines Sitznachbarn. Die Gegenwart des Heiligen Geistes ist spürbar da. Der Geschäftsmann aus den USA mit dem großen Ring am Finger schaut mich sichtlich bewegt an und sagt: „Ich brauche diesen Frieden auch.“ Nach ein paar weiteren Erklärungen beten wir gemeinsam und laden Jesus in sein Leben ein. Gott ist in dieses Flugzeug gekommen und wir beide nehmen es deutlich wahr, vielleicht sogar die Stewardess.

Dafür lebe ich.

Ja, natürlich dafür, dass Menschen Jesus kennenlernen. Aber vor allem auch dafür, die Gegenwart des Heiligen Geists zu erleben und zu genießen und gemeinsam mit meinem „nahbaren Gott, engsten Vertrauten, und größtem Wunderwirker“ mein Leben ganz natürlich übernatürlich zu gestalten.

Wer der Heilige Geist ist, was er tut und wie wir in Partnerschaft mit ihm Gottes Zeichen und Wunder und sein Reden im Alltag erleben können, darum soll es in diesem Buch gehen.

Machen wir uns auf den Weg!

TEIL 1

HEILIGE GEIST, DER

NAHBARER GOTT & ENGSTER VERTRAUTER

1. WAS DER HEILIGE GEIST ALLES IST UND TUT

1.1. Liebevoller. Kraftvoller. Konkreter.

An wen oder was denkst du spontan, wenn du „der Heilige Geist“ hörst? An eine unpersönliche göttliche Macht? An den Hauch Gottes? An die Person der Dreifaltigkeit, die betrübt werden kann, wie es an manchen Stellen in der Bibel heißt? An ein Phänomen, womit ohnehin nur die „Charismatiker“ so richtig etwas anfangen können? Oder vielleicht sogar, wenn du den Film „die Hütte“ gesehen hast, an eine zierliche asiatische Frau?

Ich weiß nicht, welche Assoziation du mit dem Heiligen Geist hast und welche Rolle er bisher in deinem Glaubensleben spielt. Doch ich wage zu behaupten, dass er die am meisten verkannte und vielleicht auch meisten missverstandene Person – ja Person – der Dreifaltigkeit ist. In jedem Fall aber die in tragischem Ausmaß unterschätzteste. Dabei ist dieser Teil Gottes nicht nur so geheimnisvoll und allein deshalb so faszinierend, sondern eigentlich der „Anteil Gottes“, der uns am nächsten kommen kann und will, der in uns lebt und uns in unserem Alltag begegnen will – liebevoll, kraftvoll und konkret.

Gerade dieses „alltagstaugliche“ Wirken Gottes begeistert mich zutiefst, deshalb möchte ich damit beginnen, die diese durch und durch lebensnahe Seite des Heiligen Geistes vorzustellen.

Natürlich kennt er sich auch mit geistlichen Dingen wie Jüngerschaft, Gemeindebau, Bibelauslegung und so weiter aus. Aber das Wort Jesu über den Heiligen Geist, dass er den „Parakletos", den „zur Hilfe herbeigerufenen", senden wird *(vgl. Johannes 14,16–26)* bezieht sich auf jeden Bereich unseres Lebens. Der Heilige Geist, der selbst Gott ist, kennt und versteht unser Leben im 21. Jahrhundert. Es gibt keinen Lebensbereich, der ihm fremd ist oder egal wäre. Er ist Fachmann für Ingenieurswesen, Eheberatung, Wissenschaft aller Couleur, er ist *der* Künstler, *der* Musiker, *der* Poet. Er liebt die Theologie, ist Schriftsteller, Seelsorger, Heiler und Befreier. Er liebt Kinder und weiß, wie man sie erzieht, hat Ahnung von Politik und kennt die Herzen, weiß um Trends, kennt sich aus mit Digitalisierung, Behördenstau, Mobbing, Bildung, sozialen Brennpunkten, Umwelt und natürlich Kommunikation, von Pandemien ganz zu schweigen. Der Heilige Geist ist die Weisheit in Person, aber auch der Verstand, der Rat, die Kraft, die Erkenntnis in Person und vieles mehr *(vgl. Jesaja 11,2)*.

Ich weiß von einem Ingenieur, der erst die Richtung Lebensmitteltechnologie eingeschlagen hatte und sich später auf die Herstellung von Backwaren spezialisierte. Im Rahmen seiner Diplomarbeit begann er zu forschen, wie man denn Backwaren energieeffizienter backen könne (und zwar lange bevor das Thema so brandaktuell war wie heute). Im Zuge seiner Forschung stellte er fest, dass ein Parameter, der maßgeblich zum erwünschten Ergebnis beiträgt, die Luftfeuchtigkeit in den Öfen ist. Doch zum damaligen Zeitpunkt gab es keine Möglichkeit, diese zu messen, da in der Hitze der Öfen alle herkömmlichen Messmethoden versagten. Während er forschte, nachdachte und betete, wartete jener Ingenieur eines Tages beim

Frisör auf seinen Termin, als er plötzlich mit offenen Augen eine dreidimensionale technische Konstruktion vor sich sah, die genau dieses fehlende Messgerät darstellte. Er beschrieb es als eine Mischung aus Bild und Hologramm, die, so schnell wie sie auftauchte, wieder verschwand. Dabei nahm er den Betrieb im Friseursalon weiterhin wahr. So schnell wie möglich konstruierte er später das Gesehene und setzte es in Backöfen ein. Der Rest ist Geschichte. Erst durfte er über das Messgerät und seine Anwendung beim Backen eine Doktorarbeit schreiben, dann entstand aus dieser vom Heiligen Geist inspirierten Erfindung das bis dahin weltweit einmalige Ingenieur-Unternehmen GLT.

Neben der Geschichte an sich begeistert mich auch, dass Menschen vom Fach, die die damals gefundene Lösung heute betrachten, immer wieder behaupten, dass da jeder hätte draufkommen können. Nun – ist aber keiner! Und so sehen wir, wie praktisch, wie relevant, wie alltagstauglich ein Leben mit dem Heiligen Geist sein darf und soll.

1.2. Was für ein Freund!

Der Heilige Geist ist „Gott mit uns". Damit wir uns besser vorstellen können, was das bedeutet, sollten wir uns das **Leben von Jesus und seinen 12 Freunden** anschauen. Seine Jünger hatten alles verlassen, um ihm, dem Lehrer und hoffentlich Messias, zu folgen. Jesus war und ist Gottes Sohn, und obwohl er seine Göttlichkeit abgelegt hatte *(vgl. Philipper 2,5–6; Hebräer 2,14)*, sagt er von sich: „Ich und der Vater sind eins" (Johannes 10,30), und: „Wer mich sieht, der sieht den, der mich gesandt hat" (Johannes 12,45).

Jesus wusste um die Einheit zwischen sich selbst und dem Vater. Auch wenn wir an dieser Stelle keine Bibelarbeit machen wollen, um die Göttlichkeit Jesu zu beweisen, sind es doch diese Stellen (neben vielen anderen), die uns heute und früher den Kirchenvätern die Gewissheit schenken: Ja, Jesus selbst war und ist Gott.

Und als dieser Mensch-Gott war er für seine Freunde da. In den dreieinhalb Jahren, die er mit ihnen verbrachte, lehrte er sie über Gott, den Vater, über sein Wesen und seine innersten Motivationen. Er lehrte sie über sein Königreich – und all das nicht nur in trockener Theorie, sondern in atemberaubender Praxis: Jesus heilte die Kranken, befreite Gebundene, erbarmte sich über Menschen am Rand der Gesellschaft und über solche, die von der geistlichen Elite verstoßenen waren. Er vermehrte Essen, stillte Stürme und rettete Privatfeiern, indem er Wasser in Wein verwandelte. All diese Wunder vollbrachte er, doch verwies dabei immer wieder auf den Vater: „Der Sohn kann nichts von sich aus tun, sondern nur, was er den Vater tun sieht; denn was dieser tut, das tut in gleicher Weise auch der Sohn“ (Johannes 5,19; LU).

Diese wunderbaren Dinge, welche die Jünger miterlebten, waren also zutiefst vom Vater erwünscht. Erwünscht von dem, der Himmel und Erde gemacht hatte, dem Ewigen, dem Heiligen, demjenigen, der im brennenden Dornbusch zu Mose gesprochen hatte *(vgl. 2. Mose 3)* und der das Meer geteilt hatte *(vgl. 2. Mose 14)*, aber auch von demjenigen, der die Stadt Sodom aufgrund ihrer Sünde und mangelnder Buße zerstört *(vgl. 1. Mose 19)*, der die Welt überflutet und Noah gerettet hatte *(vgl. 1. Mose 7)*. Dieser Schöpfergott, der Könige ein- und absetzt *(vgl. Daniel 2,21)*, der die Geschicke dieser Welt lenkt, der die großen globalen Brennpunkte damals wie heute vor

Augen hat, dieser Gott hatte Interesse daran, eine Hochzeit zu retten *(vgl. Johannes 2)* und trug Sorge dafür, dass alle nach einer langen „Konferenz“ genug zu essen hatten *(vgl. Markus 6)*. Das mussten die Jünger erstmal zusammenbekommen und verdauen – dafür waren die drei Jahre, in denen sie mit Jesus durch das Land reisten, bei Weitem nicht genug.

In den Stunden vor seiner Verhaftung und Kreuzigung war es Jesu Anliegen, seine Freunde auf die **Zeit danach vorzubereiten**. In den vier Evangelien erkennen wir recht schnell, dass die Jünger noch überhaupt nicht verstanden hatten, was nun alles geschehen würde. Die Ereignisse sollten sich in Kürze überschlagen.

Jesus versuchte ihnen zu erklären, dass seine Zeit mit ihnen sehr bald zu einem Ende kommen und er zum Vater zurückkehren würde. Am besten liest du selbst (noch einmal) die Kapitel 13–16 aus dem Johannesevangelium … Mitten in seinen Erklärungen lässt Jesus sie jedenfalls wissen, dass er zwar gehen wird, aber dass sie sich nicht sorgen sollen. Denn er wird sie nicht allein zurücklassen, sondern er wird den Vater bitten und dieser wird ihnen einen anderen Helfer und Beistand senden, nämlich den Geist der Wahrheit, den Heiligen Geist *(vgl. Johannes 14,16–17)*.

Das klingt in unseren Ohren und aus unserer heutigen Sicht vielleicht alles gar nicht so dramatisch. Aber versetze dich einmal in die Situation der Jünger hinein. Sie haben alles zurückgelassen, sie haben alles auf eine Karte gesetzt, sie reisen seit etwas mehr als drei Jahren mit einem Mann durch das Land, der die gewaltigsten Dinge tut. Die einfache Bevölkerung liebt ihn und jagt ihm nach, um ihn zu treffen, zu hören und zu berühren. Die geistliche Elite der damaligen Zeit hasst ihn, verfolgt ihn und versucht, ihn zu töten. Den Römern ist seine Botschaft egal, solange er nicht an ihrer politischen Vorherrschaft rüttelt. Seine Taten machen ihnen in dieser Hinsicht keine Angst, manche seiner Worte und Botschaften vom Königreich Gottes dagegen schon.

Mitten in diese Begeisterung und Sehnsucht des jüdischen Volkes, endlich von den Römern befreit zu werden, mitten in die wachsende Wut der Pharisäer und Schriftgelehrten auf Jesu Botschaft der Barmherzigkeit und seine Zeichen und Wunder, die immer mehr Leute faszinieren, mitten in diese Polarisierung und Zuspitzung hinein kündigt Jesus seinen Nachfolgern völlig unvermittelt an, dass er jetzt gehen wird.

Aber: „Seid nicht bestürzt und habt keine Angst!“, *ermutigt er seine Jünger.* „Glaubt an Gott und glaubt an mich! …“ (Johannes 14,1; HFA), und: „Nein, ich lasse euch nicht als hilflose Waisen zurück. Ich komme wieder zu euch“ (Johannes 14,18; HFA).

Wenn man sich das so vor Augen hält, kann man schon nachvollziehen, dass den Jüngern nicht ganz wohl bei der Sache war. Aus diesem Grund ist es so wertvoll, dass wir in diesem wunderbaren 14. Kapitel des Johannesevangeliums etwas von dem Geheimnis der Dreieinigkeit erfahren können. So wie Jesus in den Jahren zuvor immer wieder auf seine Einheit mit dem Vater hinwies, lesen wir nun, vereinfacht gesagt, folgende Aussage von ihm: „Ich gehe – habt keine Angst – der

Vater wird den Heiligen Geist senden – ich lasse euch nicht verwaist zurück – ich komme zu euch." Ich kann mir gut vorstellen, dass sich so manch ein Jünger damals gedacht haben muss: „Wie jetzt – ich dachte, du gehst?!"

Ja und Nein. Denn genau das, was Gott-Vater in Jesus für die 12 Apostel war, soll nun der Heilige Geist für sie sein. Und nicht nur für sie, sondern für alle, die einmal ein Leben mit Gott leben werden.

Der Heilige Geist ist also in gewisser Form das, was Jesus für seine Jünger war: Erster Ansprechpartner, Vertrauter, Tröster, Geborgenheitsgeber, Freund, Beschützer, Ratgeber, Freudenschenker, Wegweiser – eben alles, was die Jünger bei ihrem Abenteuer brauchen.

Und wenn wir mal von unserem eigenen Leben ausgehen, dann können wir sicher sein, dass sie nicht nur Fragen zu den Heiligen Schriften hatten, sondern dass sie auch abends mit Jesus am Feuer saßen und ihn über alles andere ausfragten, was das Leben eben so ausmacht.

1.3. Der „andere Gleiche"

„So wie ihr mich kennengelernt habt, so wird der Heilige Geist für euch sein. Nur besser." Als Jesus den Heiligen Geist in diesem Kontext das erste Mal erwähnt, sagt er folgendes: „Dann werde ich den Vater bitten, dass er euch an meiner Stelle einen anderen Helfer gibt, der für immer bei euch bleibt" (Johannes 14,16; HFA). Im Griechischen sehen wir hier ein interessantes Detail. Das Wort „anderer" (αλλος) bedeutet „ein anderer, aber gleicher" im Unterschied zu „ein anderer, der anders ist". Ich möchte den Unterschied anhand eines Beispiels verdeutlichen: Stellen wir uns vor, ein Stürmer aus der

Nationalmannschaft wird ausgewechselt. Kommt nun ein weiterer Mittelstürmer, kommt „ein anderer, aber gleicher". Wenn der Trainer aus taktischen Gründen einen Abwehrspieler einwechselt, kommt auch ein anderer, aber nun einer, der nicht gleich ist.

Jesus spricht hier von einem anderen Helfer, der kommen wird, aber dieser Beistand wird sein wie er. Er spricht seinen Jüngern also ins Herz. „Habt keine Angst, es ist so, als ob ich immer noch da wäre, er ist wie ich, aber es wird sogar besser für euch sein."

Ich höre Petrus protestieren: „Warum besser?" Die Antwort ist: Weil er zum einen *immer bei euch* sein wird, zum anderen, weil er *in euch* sein wird und damit habt ihr alle immer Zugang zu ihm *(vgl. Johannes 14,17; HFA)*. Ich denke, das wiederum konnten die Jünger gut nachvollziehen. Wie oft mussten sie über den See abreisen, weil die Volksmengen kein Ende zu nehmen schienen; wie oft musste ihr Meister sich alleine zurückziehen um aufzutanken, aber auch, um neu vom Vater zu hören, was als nächstes dran war; wie oft wollte einer von ihnen Jesus etwas persönlich fragen, aber die Schlange war lang und Petrus kam mit seinen vielen Fragen an ihn einfach nicht zum Ende. In diesem Sinne schien es durchaus wahr zu sein, wenn Jesus sagte: „Doch ich sage euch die Wahrheit: Es ist besser für euch, wenn ich gehe. Sonst käme der Helfer nicht, der an meiner Stelle für euch da sein wird. Wenn ich nicht mehr bei euch bin, werde ich ihn zu euch senden" *(Johannes 16,7; HFA)*.

Mit Sicherheit hatten die Jünger damals nicht alle Details von dem erfasst, was Jesus ihnen in diesen Stunden weitergab, aber er hatte mit diesen Worten dem Heiligen Geist die Bühne bereitet.

Wenn wir in diesen Kapiteln des Johannesevangeliums stöbern, dann finden wir einige klare Aussagen, was der Heilige Geist alles tun wird, und ich möchte sie durch weitere neutestamentliche Aussagen ergänzen.

1.4. Anwalt deluxe

Wie wir schon gesehen haben, nennt Jesus den Heiligen Geist je nach Übersetzung den „Helfer" bzw. den „Beistand". Das griechische Wort parakletos (παράκλητος) beinhaltet so viel. Wörtlich bedeutet es „der zur Hilfe Herbeigerufene", kann aber auch mit Fürsprecher, Anwalt, Tröster und eben Helfer und Beistand übersetzt werden. Wenn ich diese Begriffe lese, dann erfüllen sie mich mit so viel Dankbarkeit. So ist Gott, so ist unser Schöpfer und Vater im Himmel, ein Partner, ein Helfer, einer, der da ist und uns mit Rat und Tat zur Seite steht.

In meinem Leben habe ich das in so vielen Augenblicken erlebt – als Leiter einer Berliner Gemeinde, aber noch viel mehr als einfacher (Ehe)-Mann, Vater und Freund.

Ich möchte dich in eine Phase meines Lebens mit hineinnehmen, die für mich persönlich sehr herausfordernd war. Es ist mir wichtig, recht am Anfang dieses Buches darüber zu schreiben, bevor einige großartige Berichte von Wundern und besonderen Erlebnissen kommen. Ich möchte dir damit noch einmal vor Augen führen: Gott gebraucht uns nicht, weil wir perfekt und fehlerlos sind. Und obwohl wir das alle bejahen würden, schleicht es sich doch manchmal ein, dass wir Menschen irgendwie überhöhen, wenn sie besondere Dinge mit Gott erleben. Doch Gott gebraucht dich und mich auf unserem Weg zum

Ziel. So wie wir gerade sind. Wir wollen Jesus immer ähnlicher werden und stimmen der Aufforderung von Johannes zu: „[…] der Gerechte übe noch Gerechtigkeit, und der Heilige heilige sich noch!“ (Offenbarung 22,11; ELB). Wir wollen werden wie der Meister, aber gleichzeitig gebraucht Gott uns nicht erst dann, wenn wir vollendet sind.

In meinem Fall war es so, dass in einem Konflikt, der sich schon über längere Zeit hingezogen hatte, schlussendlich mit Hilfe von Freunden und Mentoren Entscheidungen getroffen wurden, die nachvollziehbar und doch sehr schmerzhaft für mich waren. Die Problematik war auf der einen Seite sehr vielschichtig und auf der anderen Seite musste ich klar erkennen, wo meine eigenen Versäumnisse und Fehler waren, die sowohl Gott entehrt als auch Menschen verletzt hatten. Mit dieser Schuld musste ich mich auseinandersetzen, inmitten von eigener Trauer und vielen noch ungeklärten Fragen.

Vielleicht kennst du ähnliche Situationen, in denen du vor einem Scherbenhaufen stehst und auch noch selbst daran schuld bist. Wie nagen sie doch an einem, diese Selbstzweifel, die Selbstanklage. Wieder und wieder denkt man alles durch: „Warum und wie konnte ich das übersehen? Was habe ich nur versäumt?“

Es sind genau solche Lebensphasen, wo der Glaube und die Beziehung zu Gott keine bloße Theorie sein dürfen und können. Hier müssen sie tragen – wenn nicht jetzt, wann dann? GOTT SEI DANK durfte ich in dieser schmerzhaften Phase damals genau das erleben: dass der Heilige Geist mein Tröster, mein Helfer und Beistand war, der mich nicht alleinließ, sondern mit mir gemeinsam durch diese herausfordernde Zeit hindurchging – und auch immer wieder zu mir sprach.

Herr Anwalt, sprechen Sie!

Der Heilige Geist, Gott in uns, liebt es, unser Anwalt, Fürsprecher und Tröster zu sein. Dabei hat er verschiedenste Wege, wie er sich uns als solcher zeigen kann. Für mich ist es etwas ganz Besonderes, wenn Gott in Träumen oder prophetischen Worten und Eindrücken zu mir spricht. Darum bitte ich ihn immer wieder und danach sehne ich mich. Ich habe gleichzeitig über die Jahre erlebt, dass eine der häufigsten Arten und Weisen, wie der Heilige Geist zu uns spricht, durch sein Wort ist.

Der Heilige Geist war der „Ghostwriter", der Souffleur, die Inspiration der Autoren der Bibel. In 2. Timotheus 3,16 lesen wir: „Denn die ganze Heilige Schrift ist von Gott eingegeben" (HFA). Das Wort „eingegeben" bedeutet wörtlich aus dem Griechischen übersetzt „gottgehaucht" (θεόπνευστος). Aus diesem Grund liebt der Heilige Geist es, das Wort Gottes zu gebrauchen, um zu uns zu sprechen. Hinzu kommt, dass Jesus in Johannes 14,26 sagt: „Der Heilige Geist, den euch der Vater an meiner Stelle als Helfer senden wird, er wird euch alles erklären und euch an das erinnern, was ich gesagt habe" *(HFA)*. Die Bibel ist das Buch, in dem wir nachlesen können, was Jesus gesagt hat. Auch aus diesem Grund greift der Heilige Geist gerne darauf zurück.

Anwalt, kein Ankläger

In dieser schmerzhaften Phase meines Lebens hat Gott mich durch sein Wort getröstet und korrigiert, aber auch verteidigt. Es wirkt wie ein Widerspruch, dass man von jemandem sowohl mit eigener Schuld konfrontiert werden und gleichzeitig von der derselben Person Trost und Verteidigung erfahren kann. Aber genau so ist es beim Heiligen Geist.

Der Heilige Geist ist ein Anwalt *(parakletos)*, der so nah an unserer Situation dran ist, dass er den richtigen und vor allem den differenziertesten Blick auf sie hat. Ja, sein „Mandant" mag schuldig sein, aber er sieht weitere Aspekte, welche seine Schuld unter Umständen mindern, ein detailliertes, vielschichtigeres Bild abgeben und womöglich auch die Not hinter unserem Handeln aufzeigen. Er blickt tiefer und sieht bis auf unseren Herzensgrund. „Denn ich urteile nach anderen Maßstäben als die Menschen. Für die Menschen ist wichtig, was sie mit den Augen wahrnehmen können; ich dagegen schaue jedem Menschen ins Herz" (1. Samuel 16,7; HFA).

Wir können uns deshalb diesem Fürsprecher anvertrauen. Zum einen wird er uns angemessen und pointiert der eigenen Sünde überführen, d. h. uns von ihr überzeugen *(vgl. Johannes 16,8)*, zum anderen fängt er uns danach wieder väterlich auf, ordnet unser Versagen in einen größeren Kontext ein, der Hoffnung gibt, und sieht gleichzeitig, wo im Trubel des Konfliktes vielleicht auch uns selbst Unrecht angetan wurde, und wird für Gerechtigkeit sorgen.

Der Heilige Geist als Geist der Wahrheit *(vgl. Johannes 16,13)* ist unbestechlich, gleichzeitig sieht er immer das ganze Bild. Mit diesem Wissen wirkt er, im Gegensatz zu unserem Feind, dem Teufel (griech. *diabolos* = wörtlich Durcheinanderwerfer oder -bringer, Verleumder, Verwirrer, Faktenverdreher), nicht zerstörerisch, spaltend und trennend, sondern stets heilend und versöhnend.

Es ist eine wunderbare Tatsache, dass der Heilige Geist, wenn wir aufrichtig mit ihm leben, uns helfen wird, zuerst „den Balken aus unserem eigenen Auge zu ziehen", damit wir dann einen klaren Blick auf den Splitter im Auge des anderen haben können *(vgl. Matthäus 7,3–5)*. Wenn der Heilige Geist als Anwalt so handeln und agieren darf, ist er fähig, Konflikte in Familien, Gemeinden und Beziehungen tiefgreifend und auf eine wahrhaftige Art und Weise zu lösen. Das stimmt mich persönlich sehr hoffnungsvoll. Und wenn wir einmal die Zeit betrachten, in der wir leben, dann ist das vielleicht eines der wichtigsten Dinge, die wir brauchen – die Fähigkeit, in polarisierenden Zeiten tiefgreifende, echte, aufrichtige und vertrauensvolle Beziehungen zu leben.

Der Heilige Geist ist also unser Anwalt. Doch gleichzeitig steckt in dem Wort *Parakletos* noch viel mehr.

1.5. Der Heilige Geist kann Helfer

Ganz praktisch

Vor einigen Jahren las ich einen Bericht, wie während der Bauphase einer Bibelschule im Schwarzwald alles zum Erliegen kam. Der Hang war zu steil für die notwendigen Maschinen und so konnte man nicht mehr weiterbauen. Kein Profi konnte helfen. Zum Glück war der Leiter jener Arbeit ein geisterfüllter Mann und ein Freund des Heiligen Geistes. In der Nacht bekam er einen Traum und in ihm eine Strategie, was zu tun sei, geschenkt, um die Arbeit an diesem Hang zu vollenden. Heute, noch viele Jahre später, ist dieses Haus ein Segen für Menschen.

Es begeistert mich sehr, dass der Heilige Geist wirklich von jedem Lebensbereich Ahnung hat und aus diesem Grund ausnahmslos IMMER helfen kann und will.

Als Mose nach dem Auszug aus Ägypten einen Ort der Begegnung bauen soll, an dem Gott und Menschen zusammenkommen können, wird der führende Handwerker Bezalel mit dem Heiligem Geist erfüllt und dadurch befähigt, diese Aufgabe exzellent umzusetzen: „Und der HERR redete zu Mose und sprach: Siehe, ich habe mit Namen berufen Bezalel [...] und habe ihn mit dem Geist Gottes erfüllt, mit Weisheit, Verstand und Können und für jedes Kunsthandwerk, Pläne zu entwerfen, um in Gold, Silber und Bronze zu arbeiten. Auch mit der Fertigkeit zum Schneiden von Steinen zum Einsetzen und mit der Holzschnitzerei habe ich ihn begabt, damit er in jedem Handwerk arbeiten kann“ (2. Mose 31,1–5; ELB).

Freunde von uns wollten vor einigen Jahren großzügig in eine bestimmte, damals populäre Aktie investieren. Eines Morgens kam ihr damals neunjähriger Sohn zum Frühstückstisch und erzählte ihnen von einem Traum. In diesem Traum hatte er gesehen, wie ein Stier in eine Falle tappte. Er selbst verstand das nicht, aber wer sich ein wenig mit Aktien auskennt, erkennt den Zusammenhang leicht. Für unsere Freunde war klar, dass dies ein Hinweis vom Heiligen Geist war: „Nicht investieren, das ist eine Falle!“ Einige Monate später wurde sichtbar, wie hilfreich dieser Hinweis gewesen war, und aufgrund ihrer Reaktion auf ihn hatten sie ihr Geld nicht verloren. Ich erwähne das nur nebenbei, um zu zeigen, dass es absolut Sinn macht, auch unsere Kinder in diesem Bereich zu schulen und zu ermutigen.

Kommunikation will gelernt sein

Der Heilige Geist ist ein Helfer. Seine Hilfe wird am besten dort wirksam, wo wir sie suchen und erwarten – und wo wir gelernt haben, wie der Heilige Geist mit uns kommuniziert. Aber selbst dafür benötigen wir seine Hilfe. Wenn der Heilige Geist sehr deutlich und eindeutig spricht, z. B. durch Träume, prophetische Eindrücke oder ähnliches, ist es nicht so schwer, das zu erkennen und entsprechend zu handeln. Aber dann gibt es auch noch dieses viel leisere Reden und Wirken Gottes. In den ersten Jahren meines Lebens mit Gott habe ich mich oft gefragt, wie man erkennt, was denn nun der Heilige Geist ist und was man selbst ist. Ich kann mir vorstellen, dass die Jünger die gleiche Frage hatten. Sie wussten, wie Jesus zu ihnen gesprochen hatte, aber wie sollte das funktionieren, wenn er nicht mehr da war? Wie würde dieses Leben mit dem „anderen Gleichen" sein, wie würde er zu ihnen sprechen und sie leiten?

In meinem Fall habe ich den Herrn gebeten, mich zu lehren und mir genau das beizubringen: sein Reden und Handeln immer besser zu erkennen. Und so kam ich ganz unvermittelt in eine Phase, in der ich über einige Wochen hinweg für mich völlig ungewöhnliche Gedanken hatte, die sich dann aber als relevant bzw. richtig erwiesen.

Einmal kam ich abends nach Hause und lief von der Bahn zu unserem Haus. Es war Anfang März und die letzten drei Monate waren außergewöhnlich kalt gewesen, sodass der Boden seit Silvester durchweg von Schnee und Eis bedeckt war und selbst die Raketen und Böller noch nicht vom Winterdienst weggeräumt werden konnten. Ich war diesen Weg also zigmal gegangen seit Neujahr, immer Schnee, immer Eis, immer das gleiche Szenario.

An diesem Abend lief ich auf unseren Hof, schaute mir das Haus und das schnee- und eisbedeckte Dach an, welches ich in diesen kalten Monaten schon so oft betrachtet hatte, und dachte mir auf einmal, das könnte ja auch alles mal herunterkommen und dann würde es vielleicht die Autoscheiben der darunter parkenden Autos zerschmettern. Das dachte ich mir und ging dann gemütlich zu Abend essen. Am nächsten Morgen, als ich zur Arbeit ging, sah ich zu meinem Erstaunen, dass die Autoscheibe unseres Nachbarn zertrümmert war, und zwar vom Schnee und Eis, das sich vom Dach gelöst hatte.

Einige Zeit später kam ich mit meiner Familie aus dem Süden Deutschlands zurück nach Hause. Kurz vor Berlin kann man sich an einem Autobahnkreuz entscheiden, ob man die innere Autobahn nimmt oder den äußeren Ring. Die letzten zehn Jahre fuhr ich immer, für diejenigen, die Berlin etwas kennen, über die Avus, den Funkturm und dann über die Stadtautobahn nach Hause. An diesem Abend hatte ich kurz vor dem Kreuz plötzlich den Gedanken: „Fahr den äußeren Ring!“, und ich höre mich noch antworten: „Ich fahr immer über den Funkturm!“ Also reagierte ich nicht, bog ab und befand mich Minuten später in einem Stau, und zwar für zweieinhalb Stunden. Nicht tragisch, nicht dramatisch, aber nervenaufreibend, vor allem mit kleinen Kindern, die schon eine lange Fahrt gut gemeistert hatten.

Als ich so dasaß, dämmerte es mir plötzlich. Das war nicht ich, das war nicht einfach irgendein Gedanke gewesen, das war der Heilige Geist, der zu mir gesprochen hatte. Er wollte uns helfen, aber ich hatte es verpasst. Als ich in diesem Zusammenhang weiter über sein Reden nachdachte, kam mir die Situation mit der kaputten Scheibe und ein, zwei weitere Begebenheiten der letzten Wochen in den Sinn, und mir fiel auf, dass ich immer einen richtigen, hilfreichen Impuls (gehört) hatte, aber einfach nicht darauf reagiert hatte. Und zwar hatte ich deshalb nicht reagiert, weil es sich einfach wie ein normaler Gedanke von mir angefühlt hatte – nicht wie vom Heiligen Geist, nicht spektakulär oder hoch geistlich, sondern ganz normal, unspektakulär, alltagstauglich und eben leider auch leicht zu ignorieren. Das war eine kostbare und so hilfreiche Lektion.

Paulus schreibt in 1. Korinther 2,16: „Wir aber haben Christi Sinn" (ELB). Das Wort Sinn kann auch mit „Denken, Gemüt, Meinung, Ansicht, Absicht, Neigung" übersetzt und verstanden werden. Wir haben Jesu Denken, Jesu Meinung, Jesu Ansicht. Das bedeutet zweifelsohne, dass es zu Situationen kommen wird, in denen es mir wieder so vorkommen mag, dass etwas meine Meinung, meine Ansicht, mein Gedanke ist, aber es ist dann eben der Heilige Geist in mir. Natürlich ist bei weitem nicht jeder Gedanke, den wir bekommen, Gottes Gedanke. Und zwischen seinen und meinen eigenen Gedanken zu unterscheiden, ist die Kunst. Darauf kommt es an, das macht den Unterschied. Dann beginnt das Abenteuer.

Jesus tat nur, was er den Vater tun sah. Das heißt, er hatte gelernt, Gedanken, Impulse sowie Hinweise von außen zu sortieren: Was war er selbst, was waren andere Menschen mit guten Meinungen und was davon war der Vater, der (durch den Heiligen Geist) zu ihm sprach? Um das zu erklären, muss ich kurz ausholen und vereinfacht erklären, wie der neugeborene Mensch aufgebaut ist.

Der wiedergeborene Mensch besteht aus Körper, Geist und Seele. Die Seele wiederum ist Sitz der Gefühle, des Willens und Verstandes, gewissermaßen der Sitz unserer Persönlichkeit. Wenn jemand Jesus als seinen Herrn und Erlöser annimmt, so wird er von Neuem geboren *(vgl. Johannes 3,7)*, er wird eine ganz neue Kreatur *(vgl. 2. Korinther 5,17)*. Diese Neuschöpfung bezieht sich auf unseren Geist. Dieser aus Gott geborene Geist ist das eigentlich Neue. „*Was aus dem Fleisch geboren ist, das ist Fleisch; und was aus dem Geist geboren ist, das ist Geist. Wundere dich nicht, dass ich dir gesagt habe: Ihr müsst von Neuem geboren werden" (Johannes 3,6–7; ELB).* Wir kommen also weder nochmal als Kinder oder in einer Art Reinkarnation auf die Welt (körperliche Wiedergeburt), noch wird unsere Seele, also unsere Gefühle, unser Wille, unser Verstand neu geboren, sondern unser Geist. Dieser unser aus Gott geborene Geist ist nun die Mitte unserer Persönlichkeit *(vgl. 1. Korinther 15,45).*

In unserem Leben mit Jesus soll dieses Neue nun die prägende Instanz in uns werden, anders ausgedrückt: Christus soll in uns Gestalt annehmen *(vgl. Galater 4,19).* Unser Denken, unsere Absichten, unser Handeln sollen ihm immer mehr entsprechen und ihn widerspiegeln.

Unser Geist ist die Instanz, die mit dem Heiligen Geist kommuniziert *(vgl. Römer 8,16).* Man kann es sich wie beim Radio oder Fernsehen vorstellen. Am laufenden Band schwirren Nachrichten, Filme, Geschichten und Musik durch die Luft, aber nur mit dem entsprechenden Endgerät lassen sich diese Inhalte und Informationen nutzen. Unser Geist steht also in reger Verbindung mit dem Heiligen Geist, empfängt von ihm Weisung, Informationen, Ermutigung, Warnung und vieles mehr, sodass wir darauf reagieren können.

Diese Kommunikation geschieht auf ganz unterschiedliche Weisen, unter anderem eben durch unsere Gedanken. Wenn wir bei dem Bild vom Radio bleiben, dann empfangen wir plötzlich eine Frequenz, einen Gedanken. Die Frage, die sich nun stellt, lautet: Wer ist der Absender? Sind es meine Gefühle, meine Logik, mein Wille (meine Seele) oder nehme ich etwas von meinem Geist wahr (der, um präzise zu bleiben, das weiterreicht, was er vom Heiligen Geist empfangen hat)? Wenn man das zum ersten Mal hört, mag das einem ungewöhnlich vorkommen, aber es fühlt sich tatsächlich anders an, wenn ein Gedanke aus der Seele inspiriert ist, als aus dem Geist!

Menschen, die das kennen oder gewöhnt sind, sagen dann Sätze wie: „Ich spüre in meinem Geist“, oder: „Ich empfinde, der Heilige Geist sagt …“. Die Frage, die ich immer wieder höre, ist, wie man das eine vom anderen unterscheidet. Es ist wie bei einer Beziehung. Wenn ein guter Freund, die Eltern oder deine Braut anrufen, dann musst du nicht überlegen, wessen Stimme du hörst. Vertrautheit und Gewissheit wachsen mit der Zeit und durch die Pflege deiner Beziehungen.

Nehmen wir eine Begebenheit aus dem Leben von Jesus. Er wusste, dass der Tag kommen würde, an dem sein übernatürlicher, messianischer Dienst beginnen würde. Er war ja schließlich als Gottes Sohn Mensch geworden, um Erlöser und Befreier Israels zu sein. 30 Jahre waren nun schon vergangen, Jesus hatte den Beruf seines Vaters gelernt und lebte ein recht gewöhnliches, unscheinbares Leben. Als er mit seiner Mutter und Freunden auf einer Hochzeit eingeladen war *(vgl. Johannes 2)*, ging nach einigen Stunden plötzlich der Wein aus. Damals wie heute ist das eine Katastrophe. Wer möchte schon, dass es auf der eigenen Hochzeit nicht genug zu essen oder zu trinken gibt?

Als Maria, die Mutter Jesu, von diesem Dilemma mitbekommt, geht sie zu Jesus, schildert ihm das Problem und fordert ihn auf, etwas zu tun. Jesus entgegnet ihr: „Was habe ich mit dir zu schaffen, Frau? Meine Stunde ist noch nicht gekommen“ (Johannes 2,4; ELB).

Das sind die Gedanken Jesu: „Noch nicht, falscher Zeitpunkt, da kann ich nichts machen!“ Maria ist überzeugt, dass dies nicht stimmt, ignoriert seine Worte und wendet sich kühn an die Mitarbeiter des Catering-Services: „Was er euch sagen mag, tut!“ (V. 5). Wir haben schon mehrfach gehört, dass Jesus nur das tat, was er seinen Vater im Himmel tun sah, nicht, was seine irdische Mutter erwartete.

Aber wer die Geschichte kennt oder weiterliest, weiß und sieht, dass Jesus nun doch handelt. Er fordert den „Catering-Service“ auf, riesige Fässer mit insgesamt ungefähr 600 Litern Wasser zu füllen. Man kann sich vorstellen, was für eine skurrile Situation das gewesen sein muss. 600 Liter Wasser abfüllen, das macht man nicht einfach mal nebenbei. Als nun alle Fässer gefüllt sind, fordert Jesus den Speisemeister auf, aus dem Wasser zu schöpfen und zu kosten. Zu aller Erstaunen ist aus dem Wasser nun köstlichster Wein geworden – und nicht einfach nur normaler Wein, sondern Wein der Extraklasse. Alle sind außer sich.

Doch es bleibt bestehen: Jesus tut nur, was er den Vater tun sieht. Es muss also etwas passiert sein zwischen der ersten Aufforderung seiner Mutter und der zweiten. Ich persönlich gehe davon aus, dass es dieses „Hören im Geist“ war. Als seine Mutter ihn ignorierte und die Mitarbeiter aufforderte, nach seinen Anweisungen zu handeln, da spürte er vermutlich in seinem Geist dieses gewisse Etwas. Dieses innere, heilige Drängen. Nun wusste er: „Das ist nicht meine Mutter, die hier spricht, hier spricht mein Vater im Himmel.“

Wenn der Heilige Geist zu unserem Geist spricht, weiß man (oder ahnt man): Dieser Gedanke, dieser Impuls, diese Aufforderung, das bin jetzt nicht einfach nur ich oder es ist nicht nur einfach menschlich. Man spürt, dass hier die „Instanz Geist“ spricht. Und ich denke, aus genau diesem Grund hat Jesus schließlich doch reagiert und das Wunder, das dann folgte, bestätigte, dass er „richtig gehört hatte".

Wir werden dieses Thema an anderer Stelle nochmals aufgreifen, denn wer Zeichen und Wunder erleben will, muss die Impulse des Heiligen Geistes wahrnehmen können, aber es ist auch für unser alltägliches, persönliches Leben unerlässlich, die Stimme des Geistes kennenzulernen und zu erleben, wie es sich anfühlt, wenn er spricht. Dies kann spektakulär und sehr eindeutig sein, aber es kann eben auch auf der Ebene der Gedanken sein und hier unterscheiden zu lernen, was bin ich und was ist der Heilige Geist, das macht den ganzen Unterschied und das öffnet die Tür für ein Leben voller Wunder.

Unterscheiden ist entscheidend

In unserem Alltag sind wir am laufenden Band gefordert, Entscheidungen zu treffen, größere und kleinere. Auch hiermit sind wir jedoch nicht allein, sondern der Heilige Geist möchte uns führen und helfen. Eines der Privilegien, die wir als Kinder des größten Königs haben, ist, dass er uns Richtungsweisung gibt: „Denn so viele durch den Geist Gottes geleitet werden, die sind Söhne Gottes. Denn ihr habt nicht einen Geist der Knechtschaft empfangen, wieder zur Furcht, sondern einen Geist der Sohnschaft habt ihr empfangen, in dem wir rufen: Abba, Vater!" (Römer 8,14–15; ELB).

Mir selbst fällt es nicht schwer mir vorzustellen, meinen Kindern mit Rat und Tat zur Seite zu stehen, wie viel mehr ist es unserem Papa im Himmel dann ein Anliegen! Mancher schluckt vielleicht bei dem Begriff „Papa", aber es war dem Heiligen Geist wichtig, unseren Vater im Himmel als „Abba" vorzustellen, was eine vertraute Form des Wortes „Vater" ist. Ich erinnere nochmal daran, dass es im Leben mit dem Heiligen Geist nicht zuerst um Informationen und Fakten geht, sondern um ein Erleben. Und ich möchte dich noch einmal daran erinnern: Wenn dein Herz an einer Stelle berührt ist, halte inne, biege ab, tritt hinzu, höre genau hin.

Ich habe vorhin schon erwähnt, dass der Heilige Geist sehr häufig durch sein Wort zu uns spricht, und das tut er eben auch, um uns zu führen. Nach der Gemeindegründung von *diekreative Berlin* im Herbst 2008 suchten wir, nachdem wir ein Jahr lang von kleineren in immer wieder etwas größere Räume gezogen waren, einen Ort, an dem wir länger bleiben und wachsen können würden. Bei unserer Suche kamen wir auf die Idee, ein lokales Kino anzufragen, was nicht nur viel Charme hatte, sondern verkehrstechnisch auch noch wunderbar angebunden war. Das erste Gespräch mit dem Verantwortlichen war eine reine Freude.

Ich muss zugeben, dass ich etwas unsicher war, uns als Freikirche vorzustellen, weil ich nicht genau wusste, mit wie vielen Vorurteilen ich es zu tun haben würde. Im Gespräch wurde jedoch schnell klar, dass es keinerlei Vorbehalte gab, dass wir das gerne einmal einen Monat ausprobieren könnten, dass wir den Barbereich dazu nutzen könnten, es einen Lagerraum für uns gäbe, einen Extrasaal für die Kinder und, und, und. Ich war überwältigt – auch von dem Preis, denn der war zehnmal höher als unser vorheriger Mietpreis. Euphorisiert von den Möglichkeiten und mit dem nötigen Kleingeld für einen Testmonat machten wir uns an die Arbeit. Wir wollten herausfinden, ob das das neue Zuhause für unsere frisch gegründete Gemeinde sein könnte.

Nach unserem Testmonat waren sich bei einer Teambesprechung alle einig: „Hier bleiben wir, das machen wir!“ Ich empfand das nicht anders, doch da war noch die Tatsache, dass ich keine Ahnung hatte, wie wir unser neues Zuhause finanzieren sollten.

Was ich zu diesem Zeitpunkt allerdings schon teilweise gelernt hatte, war, aus Glauben zu leben. Damit meine ich konkret, dass wir lernen, Gott für eine bestimmte Sache zu hören, ihm dann zu glauben und später zu erleben, wie das geschieht, was er gesagt hat. Also musste ich Gott hören. Was hatte er zu diesem Abenteuer und diesen fantastischen Möglichkeiten zu sagen?

Wenn eine Entscheidung echte Konsequenzen hat, merkt man schnell, dass ein gutes Gefühl einfach nicht ausreicht und auch nicht durch eventuell herausfordernde Zeiten tragen kann. Gott musste reden. Und eine Art, wie er das eben macht, ist durch sein Wort. Also habe ich mir in den nächsten Tagen viel Zeit genommen, um Gott zu hören, ihn reden zu lassen. Ich habe gebetet, gelauscht, gelesen und zuerst keine Weisung empfangen. Aber dann, eines Morgens, als ich dabei war, im Lukasevangelium zu lesen, geschah es. Gott sprach: „Und wenn dort ein Sohn des Friedens ist, so wird euer Friede auf ihm ruhen; wenn aber nicht, so wird er zu euch zurückkehren. In diesem Haus aber bleibt, und esst und trinkt, was sie haben!“ (Lukas 10,6–7; ELB).

Hören und glauben

Wenn dort ein Sohn des Friedens ist … in diesem Haus bleibt! Das war es. Ich wusste, dass damit mein Ansprechpartner auf Seiten des Kinos gemeint war. Er war tatsächlich ein Mann des Friedens. Doch vor allem war es die klare Ansage: „In diesem Haus bleibt“, die mich mitten ins Herz traf. Wenn Gott spricht, kommt auch Glauben, Gewissheit, Überzeugtsein.

„So kommt der Glaube aus der Predigt, das Predigen aber durch das Wort Christi“ (Römer 10,17; LU). Das Wort „Predigt“ kann auch mit „Hören“ und „Gehörtes“ übersetzt werden: *„So kommt der Glaube aus dem Gehörten, das Gehörte aber durch das Wort Gottes.“* Glaube kommt also, weil wir Gott reden hören und Glaube ist „… eine feste Zuversicht dessen, was man hofft, und ein Nichtzweifeln an dem, was man nicht sieht“ (Hebräer 11,1; LU).

Ich wusste, Gott hat gesprochen, und konnte den Vertrag unterzeichnen. Ich wusste noch nicht, wie wir das alles im Detail finanzieren würden, aber ich fällte die Entscheidung nicht aufgrund einer Anmaßung oder Leichtfertigkeit, sondern da war eine Gewissheit. Kurze Zeit später wurde ich von einem mir damals noch recht unbekannten Missionar eingeladen, in den USA unser Gemeindegründungsprojekt verschiedenen christlichen Geschäftsmännern und -frauen und einigen Gemeinden vorzustellen. Nach dieser Reise war unser Kinoraum für ein ganzes Jahr finanziert und wir konnten uns darauf konzentrieren, Gott und die Menschen, die zu uns kamen, zu lieben. So sieht ein Leben im Glauben aus. Hören, glauben, handeln und letztlich sehen.

An dieser Stelle ist mir das Hören wichtig.

Woher wusste ich, dass Gott durch diesen Vers zu mir gesprochen hatte? Ich erinnere noch einmal an das Bild einer guten Beziehung. Wenn mich meine Frau oder meine Kinder anrufen, dann ist es nicht schwierig, sie zu erkennen. Ich weiß, dass sie es sind. Ich kenne ihre

Stimme. Wenn wir in der Bibel Richtungsweisung suchen, dann werden wir alles Mögliche finden: schneller, langsamer, höher, niedriger, mehr, weniger, jetzt, später, heute, morgen, dieses und jenes. Es ist im Grunde so, wie ich es im vorherigen Abschnitt beschrieben habe, wenn man etwas „im Geist“ wahrnimmt. Es ist eine ganz bestimmte Art, wie es sich anfühlt, wenn Gott zu einem durch sein Wort spricht. Tatsächlich weiß man es dann einfach. Man hat Gewissheit, das Herz ist angerührt, man spürt Freude, Friede – kurz: all die Dinge, die das Leben mit dem Heiligen Geist ausmachen. Das ist tatsächlich selbst dann so, wenn seine Antwort etwas Herausforderndes hat. Dennoch spürt man diese Gewissheit und eine nicht vergleichbare Form von innerem Frieden.

Ich möchte sehr dazu ermutigen, das Wort Gottes als Übungsfeld zu nehmen, um Gott zu hören. Wer hier seine Stimme kennenlernt, wird sie auch erkennen, wenn Gott auf eine andere Art, z. B. in den Gedanken oder auf ganze andere Weisen spricht, die wir uns später noch anschauen werden.

In der ersten Schulung, die ich über den Heiligen Geist gehört habe, meinte der Referent, dass wir Menschen des Wortes Gottes sein müssen, wenn wir Menschen sein wollen, die viel mit dem Heiligen Geist erleben. Der Heilige Geist hat die Heilige Schrift inspiriert und nutzt sie, um zu uns zu sprechen und um uns zu trainieren.

Ringst du damit, das zu glauben, oder fällt es dir schwer, regelmäßig in der Bibel zu lesen? Dann sag dem Heiligen Geist das ehrlich, bitte ihn auch hierbei um Hilfe und empfange eine ganz neue Liebe für sein Wort. Er selbst wird sie dir schenken.

Die nächste Rolle, die der Heilige Geist einnimmt, ist unerlässlich für ein Leben in übernatürlicher Kraft.

1.6. Der Heilige Geist kann Tröster

Getröstet, wunderbar

Jesus sagt also seinen Jüngern, dass er den *Parakletos* senden wird, was u. a. Tröster bedeutet. In Johannes 14 lesen wir in den Versen 16–18: „Und ich will den Vater bitten und er wird euch einen andern Tröster geben, dass er bei euch sei in Ewigkeit: den Geist der Wahrheit, den die Welt nicht empfangen kann, denn sie sieht ihn nicht und kennt ihn nicht. Ihr kennt ihn, denn er bleibt bei euch und wird in euch sein. Ich will euch nicht als Waisen zurücklassen; ich komme zu euch" (LU).

Der Heilige Geist, der ein Geist voller Wahrheit ist, bleibt bei uns, ist in uns, sodass wir nie mehr allein sind. Interessanterweise bedeutet das griechische Wort „verwaist", also elternlos, auch „trostlos, ohne Trost". Jesus sagt uns also: Ihr werdet nicht ohne Trost sein. Trost bedeutet, dass jemand in liebevoller, gütiger Art und Weise Anteil nimmt an dem, was uns bewegt, herausfordert, schmerzt und Angst macht. Dies kann durch Worte geschehen, durch Gesten, Berührung, Nähe und vieles mehr. Genau so eine Person ist der Heilige Geist. Es ist wohl der emphatischste, feinfühligste Charakter im ganzen Universum. Nicht schwach oder weinerlich, aber voller Barmherzigkeit, Einfühlungsvermögen, aber auch mit klarem Durchblick und allumfänglichen Wissen. Doch damit begegnet er uns eben nicht distanziert oder subtil anklagend, sondern als ein treuer, starker Freund.

Ist das nicht genau das, was wir bei Jesus sehen? Nehmen wir nur die Geschichte, die wir gemeinsam betrachtet haben: die Hochzeit zu Kana *(vgl. Johannes 2)*. Ist es nicht so, dass wir, wären wir selbst in so einer Situation, im anschließenden Feedback-Gespräch auf jeden Fall festhalten müssten, dass auch wirklich zu wenig Wein eingeplant war?! Wir würden uns sagen, dass so etwas nicht noch einmal geschehen dürfte – und doch würde unser Gott in der nächsten Situation wieder eingreifen und ohne Anklage helfen. Man denke nur an die Speisung der 5000 und dann der 4000 (ab Markus 6,30 und Markus 8,1–9. Lies das doch einmal im ganzen Kontext.).

Unser Vater im Himmel, sein Sohn und sein Geist, den er uns sendet, ist so voll Mitgefühl, Anteilnahme und Hilfsbereitschaft. Aber wenn jemand nach dem nicht-biblischen Motto „Hilf dir selbst, dann hilft dir Gott" leben möchte, wird er es schwer haben, diese unverdienten Gnaden zu erleben. Das Leben mit dem Heiligen Geist ist ein Leben, in dem wir uns nicht scheuen dürfen, unsere Schwächen, Ängste und inneren Kämpfe zuzugeben. Und zwar vor Gott, aber auch vor Menschen. Das ist es, was Paulus meint, wenn er schreibt: „Und er hat zu mir gesagt: Lass dir an meiner Gnade genügen; denn meine Kraft vollendet sich in der Schwachheit. Darum will ich mich am allerliebsten rühmen meiner Schwachheit, auf dass die Kraft Christi bei mir wohne. Darum bin ich guten Mutes in Schwachheit, in Misshandlungen, in Nöten, in Verfolgungen und Ängsten um Christi willen; denn wenn ich schwach bin, so bin ich stark" (2. Korinther 12,9–10; LU).

So verletzlich und angreifbar lebt man nur in der Gegenwart einer Person, bei der man sich sicher fühlt. Das lässt Kinder zu ihrer Mama oder ihrem Papa flüchten, wenn sie sich wehgetan oder Angst haben. Dort finden sie Trost. In der Gegenwart eines Trösters kann man Schwäche zulassen. Diese Person muss aufrichtig Anteil nehmen können, aber auch als stark und zuverlässig und als Zufluchtsort wahrgenommen werden. So ist der Heilige Geist. Und genau aus diesem Wesenszug fließt seine wunderwirkende Kraft.

Selbst schuld!

Vor einigen Jahren dachte ich über Wochen mehrfach daran, dass es gut wäre, einmal ein Back-up von all unseren Daten auf dem Laptop zu machen. Ich hatte das bis dahin noch nie gemacht, und allein der Gedanke daran, dass einmal all unsere Texte, Dokumente, Hochzeitsbilder und Bilder unserer ersten Tochter verschwunden sein könnten, gefiel mir so gar nicht. Ein Back-up zu machen war also ein guter Impuls, aber wie es eben so ist, kam ich einfach nicht dazu. Und eines Morgens, als ich meinen Laptop öffnete, um mit meiner Arbeit zu beginnen, funktionierte nichts mehr.

Natürlich habe ich alles ausprobiert, öffnen, schließen, Reset, herunterfahren, neu starten, nochmal öffnen – alles, was mir so bekannt war, aber leider ohne Erfolg. Nichts funktionierte mehr. Zum Glück hat man meist Freunde, die sich bei so etwas noch viel besser auskennen. Doch nachdem ich diese bemüht hatte und sich noch immer kein Erfolg einstellte, wurde mir langsam schlecht. Schlecht bei dem Gedanken daran, dass all unsere Bilder und Dokumente verloren sein sollten, aber auch schlecht, weil mir plötzlich deutlich vor Augen stand, dass ich ja wochenlang den Impuls gehabt hatte, eine Datensicherung zu machen. Oh weh! Gott in seiner Liebe hatte offenbar wieder einmal zu mir gesprochen und ich hatte es einfach aufgeschoben oder nicht mal wahrgenommen, dass es ein gütiger Hinweis von ihm war. *Selbst schuld!*

Zum Glück gibt es teure, dafür aber professionelle Hilfe. Nach einigen Gesprächen, Telefonaten und gewählten Hotlines war aber auch hier schnell klar, dass es zwar eine Möglichkeit gab, den Rechner wieder zum Laufen zu bringen, aber nicht ohne Verlust der vorhandenen Daten. Aber, wie der freundliche Mitarbeiter zur Ermutigung sagte: „Dafür hat man ja ein Back-up"! Autsch! Jetzt war ich wirklich verzweifelt. Und wütend. Wütend auf mich, dass ich nicht längst gehandelt hatte. Ich kannte doch Gottes Stimme und wusste, wie es sich anfühlt, wenn er spricht, auch, wenn es manchmal unscheinbar ist. Verzweifelt warf ich mich auf unser Bett. All unsere Bilder, die Geburt unserer Tochter, ihr erstes Lebensjahr, Erinnerungen, Predigten und so vieles mehr waren verloren. Was für ein Verlust – und ich war selbst daran schuld!

So ist es eben, wenn man nicht auf Gott reagiert. Es lag nicht an ihm, er wollte helfen, aber meine Ignoranz hatte es vermasselt. Das sollte mir eine Lektion sein. Zwar eine sehr harte Lektion, aber ich wollte unbedingt daraus lernen. Während ich so darüber nachdachte, wurde mir folgendes klar: Natürlich könnte Gott auch jetzt noch helfen, das war nicht das Problem, er konnte alles. Ein Wort würde genügen und alle Bilder wären wieder da, so wie er Wasser zu Wein gemacht hatte, oder wie er im Handumdrehen die Fische vermehrt hatte. Am Können lag es nicht. Eher am Wollen. Wenn Gott wollte – ja, dann könnte er problemlos helfen. Aber wollte er denn? Plötzlich spürte ich ein echtes Dilemma in mir. Die schnelle Antwort war: Natürlich will Gott helfen! Aber genauso deutlich spürte ich den eben schon beschriebenen Gedanken: Ja, das wollte er ja auch, aber dann habe ich es verpasst. Chance vertan. Gottes Liebe besteht nun eben darin, dass ich durch diese Situation hellhöriger werde, um ihn nicht wieder zu verpassen, wenn es vielleicht um noch etwas Wichtigeres geht. Das klang schlüssig … und auch demütig!

Aber war es richtig, waren das Gottes Gedanken über diese Situation? Natürlich sind verlorene Bilder keine hungernden Kinder und auch nicht Krebs im Endstadium, aber für uns eben auch nicht wirklich „egal".

Unmerklich setzte ich mich in tiefer Weise mit dem Herzen des Vaters, des perfekten Vaters, auseinander. Als ich mich in verschiedene biblische Geschichten hineinversenkte, bemerkte ich, dass sie natürlich von der Macht und der wunderwirkenden Kraft Jesu sprachen, aber als ich genau hinsah, konnte ich dahinter deutlich das Herz eines großen Liebhabers erkennen. Ein Herz voller Sehnsucht zu helfen, zu erlösen, einzugreifen und sich zu erbarmen. Natürlich hätte man die Hochzeit besser planen und mehr Wein bestellen können, und natürlich wussten die Jünger mittlerweile, wie lange so ein Wundergottesdienst dauern kann und dass man besser davor Brote schmiert, damit man später keinen Hunger bekommt.

Und plötzlich war ich mitten in einer Szene im Alten Testament *(vgl. 2. Könige 6,1–7),* als die Schüler von Elisa bei einem Bauprojekt aus Versehen die Axt ins Wasser schmeißen und sie nicht mehr retten können. Sie rennen zum Propheten und bitten ihn um Hilfe und natürlich kann Gott helfen, aber hey– seien wir doch mal ehrlich, für so eine Banalität rennen wir doch nicht zu Gott. „Fahr zum Baumarkt und kauf eine neue! Gott hat genug zu tun. Dafür hat er sicherlich keine Zeit!" wäre eine nachvollziehbare Reaktion gewesen. Hatte er aber doch. Die Schüler von Elisa bekamen ihr Wunder. Gott konnte nicht nur helfen, nein, er *wollte* es auch. Er will es unbedingt. Ich war überwältigt von Freude.

Gott kann nicht nur helfen, er will es auch. Ich sprang aus dem Bett und begann für meinen Computer zu beten. Ich wusste zwar nicht wirklich, wie man für einen Rechner um Heilung betet, aber ich sprach einfach alles aus, proklamierte, befahl, löste und band. Aber noch war nichts geschehen. Ich tat alles, was man so als guter Charismatiker macht – fast alles ... bis auf Flaggentanz, aber auch nur, weil ich keine Flagge zur Hand hatte. Noch klappte es zwar nicht, aber ich hatte Gott gehört. Er kann nicht nur, er will auch. Da ich mit meinem Repertoire am Ende war, betete ich einfach in Sprachen weiter, und ich übertreibe nicht, wenn ich sage, dass mein Laptop aus dem Nichts „ansprang". Plötzlich, ohne weiteres Zutun, Knöpfe drücken oder ähnliches erschien der Startbildschirm, ich konnte mich einloggen und alle Daten waren vorhanden.

Ich kam aus dem Jubeln nicht mehr heraus, wäre da nicht ein Back-up gewesen, das ich jetzt unbedingt schnell nachholen wollte.

Diese und ähnliche persönlich erlebte Geschichten haben mich geprägt. Aus reiner Theorie wurde erlebte Praxis. Als Kind hatte ich mir immer gewünscht, dass man noch heute Wunder erleben könne. Nun begannen sie tatsächlich zu geschehen. Und mit der Zeit wurden es immer mehr, viele davon in meinem eigenen Leben, in meiner Familie und oftmals in Bereichen, von denen ich früher gedacht hätte, dass man mit so etwas banal Irdischem Gott nicht „belästigen" könne. Oder dass man es ruhig versuchen könne, er sich darum im Endeffekt aber ohnehin nicht kümmern würde. Weit gefehlt!

Paulus schreibt in 1. Korinther 2,9–10: „*‚Was kein Auge gesehen hat und kein Ohr gehört hat und in keines Menschen Herz gekommen ist, was Gott bereitet hat denen, die ihn lieben.‘ Uns aber hat es Gott* *offenbart durch den Geist; denn der Geist erforscht alle Dinge, auch die Tiefen Gottes" (LU).*

Der Heilige Geist erforscht und kennt das Herz Gottes. Damit wir uns verstehen: Wir reden hier vom allmächtigen, heiligen Schöpfergott. Dieser Herrscher über Himmel und Erde hat Dinge für diejenigen vorbereitet, die ihn lieben, und es ist sein Wunsch, dass wir um diese Dinge wissen. Das ist schlichtweg atemberaubend, aber es benötigt in mehrfacher Hinsicht die Hilfe des Heiligen Geistes dafür. Wir benötigen ihn nicht nur, weil er die notwendigen Informationen hat. Wir brauchen ihn auch, damit diese Dinge nicht bloß intellektuelles Kopfwissen bleiben, sondern transformierende Herzenswahrheiten werden *(V. 12–13).*

So wurde es für mich eine Herzensoffenbarung, dass Gott Wasser nicht nur zu Wein verwandeln kann, sondern tatsächlich will. Der Gott, der Milliarden Menschen und weit mehr im Blick haben muss, hat Kapazität für dich und mich und all die scheinbar kleinen Belanglosigkeiten, die uns beschäftigen.

Mehr als schöne Worte

Immer wieder in diesem ersten Teil des Buches spiele ich auf ein Leben in der buchstäblich wunderwirkenden Kraft des Heiligen Geistes an. So, wie ich vorhin erwähnte, dass man lernen muss, die Impulse des Heiligen Geistes zu erkennen, so muss man auch persönlich erleben, wie gütig und hilfsbereit der Heilige Geist ist. Ohne diese persönliche Erfahrung ist es sehr schwer, das wundervolle Eingreifen Gottes für sich oder andere zu erwarten. Sein Wesen besteht ja gerade darin, dass er es liebt, unser Retter und Erlöser zu sein. Und ganz oft müssen wir eben auch aus selbst verschuldeten Umständen befreit werden. Ich nenne noch einige dramatische Beispiele: Ich habe erlebt, wie in Gottesdiensten, an denen ich teilgenommen habe, Menschen mit Lungenkrebs geheilt wurden, die jahrelang Kettenraucher gewesen waren. In einem Gottesdienst sind okkulte Tätowierungen aus der Jugendzeit, in einem anderen selbst zugefügte Narben verschwunden. Zu wieder einem anderen Zeitpunkt hat der Heilige Geist dafür gesorgt, dass eine Frau, die durch viele Fehlentscheidungen maßlos verschuldet war, sehr großzügig finanziell gesegnet wurde.

Solche Erlebnisse prägen das Herz. Auch die Bibel ist voll von solchen Begebenheiten, denken wir nur an die Geschichte des verlorenen Sohns *(vgl. Lukas 15,11–32)*.

Wenn wir Partner des Heiligen Geistes sein und erleben wollen, wie er uns in solchen Situationen gebrauchen kann, dann müssen wir Menschen sein, die sein Herz kennen. Sonst nehmen wir sein Reden für uns oder andere gar nicht wahr.

Der Heilige Geist ist der Geist des Vaters. Und der Heilige Geist ist der Geist Jesu. Wenn wir das Leben und den Dienst von Jesus betrachten, dann sehen wir, wie unser Vater im Himmel wirklich ist *(vgl. Johannes 12,45)*: Voller Erbarmen und Gnade, Güte, Großzügigkeit und Freude. Es ist so entscheidend, dass wir unser Gottesbild von dem prägen lassen, was wir in Jesus sehen. „Er ist das Ebenbild des unsichtbaren Gottes" (Kolosser 1,15; LU) und: „Nachdem Gott vorzeiten vielfach und auf vielerlei Weise geredet hat zu den Vätern durch die Propheten, hat er zuletzt in diesen Tagen zu uns geredet durch den Sohn […]" (Hebräer 1,1–2; LU).

Wie ist Jesus, wie geht er mit Menschen um, wie handelt er in herausfordernden Situationen? Was ist seine Reaktion auf Fehler und

Sünde, aber auch auf Selbstgerechtigkeit und Stolz? Johannes bringt es auf den Punkt, wenn er sagt: „Denn das Gesetz ist durch Mose gegeben; die Gnade und Wahrheit ist durch Jesus Christus geworden" (Johannes 1,17; LU).

Er muss unser Maßstab sein; sein Leben und Wesen muss uns prägen und inspirieren.

Ich möchte also gerade diejenigen ermutigen, die sich nach einem Leben im Übernatürlichen sehnen, das Leben von Jesus zu studieren und die persönliche Beziehung mit dem Heiligen Geist in seinen verschiedenen Facetten zu leben. Genau daraus entspringt diese übernatürliche Realität.

Folgende Begebenheit aus dem Leben von Jesus ist dabei hilfreich. Sein Freund Lazarus stirbt nach kurzer schwerer Krankheit. Als Jesus (scheinbar) zu spät im Dorf ankommt, trifft er auf Maria, eine nahe Freundin und Schwester des Verstorbenen. Über ihre Begegnung lesen wir Folgendes:

„Als nun Jesus sie weinen sah und die Juden weinen, die mit ihr gekommen waren, ergrimmte er im Geist und wurde erschüttert und sprach: Wo habt ihr ihn hingelegt? Sie sagen zu ihm: Herr, komm und sieh! Jesus weinte. Da sprachen die Juden: Siehe, wie lieb hat er ihn gehabt! Einige aber von ihnen sagten: Konnte dieser, der die Augen des Blinden öffnete, nicht machen, dass auch dieser nicht gestorben wäre? Jesus nun, wieder in seinem Innern erzürnt, kommt zur Gruft. Es war aber eine Höhle, und ein Stein lag davor. Jesus spricht: Nehmt den Stein weg! Die Schwester des Verstorbenen, Marta, spricht zu ihm: Herr, er riecht schon, denn er ist vier Tage hier. Jesus spricht zu ihr: Habe ich dir nicht gesagt, wenn du glaubtest, so würdest du die Herrlichkeit Gottes sehen? Sie nahmen nun den Stein weg. Jesus aber hob die Augen empor und sprach: Vater, ich danke dir, dass du mich erhört hast. Ich aber wusste, dass du mich allezeit erhörst; doch um der Volksmenge willen, die umhersteht, habe ich es gesagt, damit sie glauben, dass du mich gesandt hast. Und als er dies gesagt hatte, rief er mit lauter Stimme: Lazarus, komm heraus! Und der Verstorbene kam heraus, an Füßen und Händen mit Grabtüchern umwickelt, und sein Gesicht war mit einem Schweißtuch umbunden. Jesus spricht zu ihnen: Macht ihn frei und lasst ihn gehen!" (Johannes 11,33–44; ELB).

Wenn wir diese Geschichte vom Ende her betrachten, dann sehen wir, dass Jesus wusste, dass der Vater sich durch diese Situation verherrlichen würde *(V. 40)*. Er wusste, dass Gott ihn hörte und dass sein Freund bald wieder leben würde. Wenn man es genau nimmt, gab es folglich eigentlich keinen Grund zur Trauer. Man könnte meinen (und auch das gibt es in anderen Situationen), dass Jesus voller Freude auftauchen und souverän alle einladen könnte, ihn zur Gruft zu begleiten, um dann mit Fanfaren und großem Tamtam Lazarus aus der Gruft zu rufen! Aber hier ist der Weg des Heiligen Geistes ein anderer. Er führt Jesus mitten in das emotionale Dilemma seiner Freunde hinein, er sieht sie weinen, er sieht ihre Ohnmacht, ihr Nicht-Verstehen. Er spürt ihr Herz, ihren Kummer und ihre Not. Aus diesem Gefühl heraus will er helfen, will er trösten.

Und hier ist die fantastische Nachricht: Bei Jesus bedeutet Trost oftmals nicht, dass wir einfach nur Beistand in einer unveränderlichen Situation erfahren. Wenn Jesus Anteil nimmt und trösten will, dann verändert er oftmals einfach die Situation: „Lazarus, komm heraus! Und jetzt macht ihn frei und lasst ihn gehen!“ Mitten in diesen Notsituationen weiß er um das Herz Gottes. Deswegen kann er unter der Führung und durch die Kraft des Heiligen Geistes die Situation verändern.

So sollen wir leben. Dafür braucht es „Eingeweide des Erbarmens“. Dieser Begriff verdeutlicht vom Griechischen her kommend, was es bedeutet, wenn es von Jesus heißt, dass er „innerlich bewegt“ *(Lukas 7,13; ELB)* war, nämlich bewegt bis in sein Innerstes hinein. So ist das Herz Jesu, das Wesen des Heiligen Geistes. Auch unser Herz muss weich genug sein, Not, Kummer, Schmerz und Bedürftigkeit zu erleben, sowohl im eigenen Leben als auch im Leben von anderen. Gleichzeitig soll unser Herz so getränkt sein mit der Gewissheit, wie Gott ist, dass wir die Lösung förmlich riechen und schmecken können.

Wir wissen, dass er nicht nur helfen kann, sondern von Herzen helfen *will.* Dieses Wissen ist im Kern nichts anderes als der biblische Glaube, der Wundern den Weg bereitet. Dafür braucht es die Hilfe und Offenbarung des Heiligen Geistes.

Seinen Trost, seine Anteilnahme zu kennen, ist folglich nicht etwas für Schwächlinge, sondern notwendig, um glaubensvoll sein Eingreifen zu erwarten. In diesem Sinn ist der Trost Gottes etwas für Heldinnen und Weltveränderer!

Um das abschließend zu verdeutlichen, möchte ich eine lehrreiche Geschichte aus dem Leben der Jünger erzählen.

Glaube nur …

Wir alle kennen die Situation, dass wir oder andere in einer Angelegenheit Gott vertraut haben im Hinblick auf eine konkrete Sache.

Das kann Heilung sein, die Errettung einer geliebten Person, ein Finanzwunder oder ähnliches. Und wir alle haben erlebt, dass Dinge sich nicht so erfüllt haben, wie wir es erhofft und erwartet haben. Ich möchte an dieser Stelle keine vielfältigen Antworten darauf geben, warum das der Fall sein kann. Vor allem geht es mir an dieser Stelle nicht um eine pastorale Begleitung Trauernder, so wichtig dies an anderer Stelle auch ist. Vielmehr soll hier ein anderer Aspekt im Vordergrund stehen.

Ich möchte dazu eine Begebenheit aus dem Neuen Testament aufgreifen, in der Jesus, den die Bibel „Hirte aller Hirten" nennt *(1. Petrus 5,4)*, sehr deutlich mit seinen Jüngern spricht und ihnen Antwort in einer ähnlichen Situation gibt. Und schon mal vorneweg, sie wirkt nicht sehr pastoral!

In Matthäus 17,14–21 finden wir folgende Geschichte: *„Und als sie zu dem Volk kamen, trat ein Mensch zu ihm, kniete vor ihm nieder und sprach: Herr, erbarme dich über meinen Sohn! Denn er ist mondsüchtig und hat schwer zu leiden; er fällt oft ins Feuer und oft ins Wasser; und ich habe ihn zu deinen Jüngern gebracht und sie konnten ihm nicht helfen. Jesus aber antwortete und sprach: O du ungläubiges und verkehrtes Geschlecht, wie lange soll ich bei euch sein? Wie lange soll ich euch ertragen? Bringt ihn mir her! Und Jesus bedrohte ihn; und der Dämon fuhr aus von ihm, und der Knabe wurde gesund zu derselben Stunde. Da traten die Jünger zu Jesus, als sie allein waren, und sprachen: Warum konnten wir ihn nicht austreiben? Er aber sprach zu ihnen: Wegen eures Kleinglaubens. Denn wahrlich, ich sage euch: Wenn ihr Glauben habt wie ein Senfkorn, so könnt ihr sagen zu diesem Berge: Heb dich dorthin!, so wird er sich heben; und euch wird nichts unmöglich sein" (LU).*

Ein Vater in Not, da sein Sohn schwer leidet, hat von Jesus und seinen Schülern gehört und bringt den Sohn voller Erwartung zum Gottesdienst. Jesus ist leider außer Haus unterwegs, aber sein Gebetsteam ist vor Ort. Sie beginnen mit ganzer Hingabe zu beten und dem leidenden Sohn zu dienen. Leider bemerken sie und auch der Vater, dass sich die erwünschte Freiheit jedoch nicht einstellt. Die Enttäuschung ist groß, aber gerade, als der Vater mit seinem Sohn gehen möchte, taucht Jesus auf. Der Vater wirft sich vor ihm nieder und bittet ihn um Hilfe. Jesus wundert sich und sagt zu seinen Betern: „War das nicht eure Aufgabe, hättet nicht ihr das Problem lösen können? O du ungläubige und perverse (so könnte man übersetzen) Generation, wie lange soll ich bei euch sein? Wie lange soll ich euch ertragen?“

„Meinst du uns, Jesus? Und pervers?“ „Ja“, antwortet Jesus. „Es ist abnormal (Bedeutung von pervers), dass ihr betet und nichts geschieht!“ Klingt irgendwie hart, und es ist wichtig, dass wir vor Augen haben, mit wem Jesus hier spricht. Nicht mit der Person in Not, nicht mit dem Leidenden, wohl aber mit dem Gebetsteam, das er schon längere Zeit ausbildet. Nachdem Jesus dem Kind Freiheit geschenkt hat und die Jünger ihn bei der Nachbesprechung fragen, woran es gelegen hat, dass sie dem Kind nicht helfen konnten, da gibt Jesus eine klare, wenn auch heute oftmals bekämpfte oder relativierte Antwort: „Wegen eures Kleinglaubens“! Aufgrund von Kleinglauben, Unglauben, Nicht-Glauben ist nichts geschehen! Manche fordert diese eine Antwort heraus oder bringt sie unter Druck. Mich berührt sie.

Ich kann Jesu Leidenschaft spüren, ich höre sein Werben hinter diesen scheinbar harten Worten: „Freunde, seit Wochen und

Monaten reisen wir durchs Land, ihr seht, wie ich Menschen heile, einen nach dem anderen, ich befreie sie, helfe ihnen. Jeder, der mich um Hilfe gebeten hat, wurde befreit, erlöst und geheilt. Ihr habt Finanzwunder gesehen, Stürme, die schweigen, und Essen, das sich vermehrt. Was braucht es noch? Was fehlt euch? Ich habe euch erklärt, dass ich nichts von mir aus tue, nur das, was ich den Vater im Himmel tun sehe. Das ist sein Herz, sein Verlangen. So ist er! Ihr habt es gesehen, geschmeckt und selbst erlebt. Ihr habt gebetet und Kranke wurden gesund, ihr habt Dämonen ausgetrieben. Was steht euch im Weg, warum ist euer Herz so hart, warum könnt ihr das immer noch so schwer greifen? Mein Vater ist wirklich so übermäßig gut und er möchte sich den Menschen durch euch zeigen. Wie lange muss ich euch das noch vorleben, wie lange muss ich noch bei euch bleiben?“

Er weiß, dass er zum Vater zurückkehren wird, aber werden sie den Auftrag umsetzen können, einer verlorenen Welt zu zeigen, wie Gott ist? Und wie lange wird das noch dauern, bis sie so weit sind? Und was braucht es noch dafür?

Eigentlich nicht viel! Eine Herzensoffenbarung über die Güte und Liebe Gottes und wie konkret sie doch ist, reicht aus. Und genau dafür braucht es den Heiligen Geist. Er kennt die Tiefen von Gottes Herz und möchte, dass *„wir wissen, was uns von Gott geschenkt ist!“ (1. Korinther 2,12; LU)*.

Für uns bedeutet das: Wenn es uns an Durchbrüchen und Gebetserhörungen, ähnlich wie den Jüngern, mangelt, müssen wir unbedingt das Ringen Jesu und seine Worte wahrnehmen. „Wie lange soll das so bleiben?“ Durch diese Frage müssen wir uns nicht schlecht oder gar abgelehnt fühlen. Nein, wir lieben Jesus zurück, indem wir seine Frage hören und sie ernst nehmen. Und indem wir uns voller Vertrauen dem Heiligen Geist zuwenden und ihm gegenüber ausdrücken, dass wir ihn brauchen, um so glauben zu können, und ihn bitten, unser Herz aufzuweichen und uns Offenbarung zu schenken.

„HERR, deine Güte reicht, so weit der Himmel ist, und deine Wahrheit, so weit die Wolken gehen."

Psalm 36,6

1.7. Der Heilige Geist kann Lehrer

Ein echtes Gegenüber

An dieser Stelle macht es Sinn, sich nochmals den Kontext vor Augen zu führen. Nach dem Bericht von Johannes spricht Jesus kurz vor seiner Kreuzigung mit seinen Freunden über den Heiligen Geist. Er wird sie nicht alleinlassen und sie sollen sich keine Sorgen machen. Sie haben nicht auf das falsche Pferd gesetzt, als sie alles verlassen haben und ihm, man könnte fast sagen „naiv", nachgefolgt sind. Hinter ihnen liegen die spannendsten, herausforderndsten, aber auch schönsten Jahre ihres Lebens. Wie soll es ohne ihren Freund und Meister nun weitergehen? Wie sollen sie das Leben meistern?

Jesus geht einmal mehr auf ihre auch unausgesprochenen Fragen ein. *„Aber der Tröster, der Heilige Geist, den mein Vater senden wird in meinem Namen, der wird euch alles lehren und euch an alles erinnern, was ich euch gesagt habe" (Johannes 14,26; LU).* Wie oft hat man sich das doch in einer kniffligen Situation oder in einer Prüfung gewünscht, dass einem die Lösung eingeflüstert wird. Kein illegales Abschauen, wenn man nicht weiterweiß, kein Auf-sich-Alleine-gestellt-und-ohnmächtig-Sein, sondern einen liebevollen, sachverständigen Ratgeber, der Bescheid weiß.

Ich habe das schon einmal angedeutet, als wir über den Heiligen Geist als Helfer gesprochen haben. Aber in gewisser Form sehe ich hier noch eine andere Betonung. Es gibt diesen bekannten Gedanken von Konfuzius: *„Gib einem Hungernden einen Fisch und du ernährst ihn für einen Tag. Lehre einen Hungernden das Fischen und du ernährst ihn für sein Leben.“* Wir sollen nie unabhängig werden vom Heiligen Geist, aber gleichzeitig besteht seine Ehre gerade darin, uns großzuziehen. Wir sollen werden wie unser Meister.

Dass ich meiner kleinen Tochter die Schuhe binde, macht Sinn, aber wenn ich das immer noch mache, wenn sie fünfzehn ist, dann ist etwas schiefgelaufen. Der Heilige Geist hat den Ursprungsgedanken Gottes vor Augen, mit dem er den Menschen schuf. Der Mensch sollte mit Gott gemeinsam über diese Erde herrschen *(vgl. 1. Mose 1,28)*. Gott hat den Menschen in seinem Ebenbild als Mann und Frau geschaffen. Er gab Adam sogar den Auftrag, den Tieren Namen zu geben. Allein das ist schon eine Verantwortungsübertragung und ein echtes Loslassen auf Gottes Seite.

Sind wir mal ehrlich, als Künstler oder Bauherren oder Personen, die etwas kreieren: Man legt sein Herz, seine Fantasie, etwas von seinem Innersten in sein Werk und dann soll es ein anderer labeln bzw. ihm einen Namen geben? Da muss man schon vertrauen. Oder man ist einfach über beide Ohren verliebt und findet mit seiner rosaroten Brille einfach alles toll, was das Gegenüber macht. *„Und Gott der HERR machte aus Erde alle die Tiere auf dem Felde und alle die Vögel* *unter dem Himmel und brachte sie zu dem Menschen, dass er sähe, wie er sie nennte; denn wie der Mensch jedes Tier nennen würde, so sollte es heißen" (1. Mose 2,19; LU).*

Gott sucht echte Partner, Freunde auf Augenhöhe. Eine Freundin von uns, deren Kinder weit älter als unsere sind, gab uns einmal den Hinweis, dass das Ziel von gelungener Erziehung einmal Freundschaft mit den Kindern ist. Das ist schon die beste Basis für eine glückliche Ehe, und auch Jesus lässt seine Schüler nach drei Jahren wissen: *„Ich nenne euch hinfort nicht Knechte; denn der Knecht weiß nicht, was sein Herr tut. Euch aber habe ich Freunde genannt; denn alles, was ich von meinem Vater gehört habe, habe ich euch kundgetan" (Johannes 15,15; LU).*

Die Tatsache, dass er seine Jünger in die Gespräche einbezieht, die er vertrauensvoll mit seinem Vater führt, drückt wahre Freundschaft aus. Er vertraut ihnen. So wächst und reift eine gute Beziehung. Man kann es auch mit einer Unternehmerin vergleichen, die ihre Tochter über die Jahre erst als Geschäftspartnerin und dann als Nachfolgerin aufbaut. Sie bezieht sie in immer mehr Details mit ein und wird ihr immer mehr eigene Entscheidungen anvertrauen und irgendwann auch von ihr erwarten. Und bei alldem wird ihr Herz jubeln, wenn sie dabei zuschaut, wie ihr geliebtes Kind das Gelernte umsetzt und seinen Weg geht. Genauso ist es mit Gott.

Missverständnisse ausräumen

Ich halte es für sehr wichtig, dass wir verstehen: Zu einer mündigen Beziehung mit Gott gehört, dass wir eine Meinung haben und fähig sind, Dinge zu gestalten und Entscheidungen zu treffen. Dazu muss bei einigen vielleicht mit Missverständnissen aufgeräumt werden.

Natürlich entscheiden wir uns, wenn wir ein Leben mit Jesus beginnen, ihm nachzufolgen und zu tun, was er möchte. Das ist ja quasi die „Job-Deskription": *„Wer mir folgen will, der verleugne sich selbst und nehme sein Kreuz auf sich täglich und folge mir nach. Denn wer sein Leben erhalten will, der wird es verlieren; wer aber sein Leben verliert um meinetwillen, der wird's erhalten" (Lukas 9,23–24; LU).* Das sind die Inhalte unserer Gebete und unsere Lieder: „Ich kapituliere, ich gebe alles hin, nicht mein, sondern dein Wille geschehe!" Ohne diese Haltung ist ein Leben mit Gott nicht möglich. Wer so lebt, drückt damit Demut und Gottesfurcht aus.

Diese Furcht Gottes ist die Voraussetzung für ein gelingendes Leben, denn es heißt: *„Der Weisheit Anfang ist die Furcht des HERRN […]" (Sprüche 9,10; LU).* Im Buch der Sprüche hat Salomo, der Sohn von König David, viele Merksätze verfasst, die sich perfekt für Kühlschrankmagneten eignen. In seinem zweiten Werk fasst er seine Gedanken wie folgt zusammen: *„Lasst uns am Ende die Summe von allem hören: Fürchte Gott und halte seine Gebote; denn das gilt für alle Menschen" (Prediger 12,13; LU).* In meinen Worten: Das ist die Einladung, Gott ernst zu nehmen, ihm zu vertrauen, dass er Bescheid weiß, dass er weiß, wie der Laden läuft. Dass er weiß, was Leben bringt und was nicht. Er kennt die Fallen, Tricks und Listen des Feindes. Er liebt mich als Kind so sehr, dass er mir das Entscheidende beibringt, mich führt und leitet und warnt.

Meine Aufgabe ist es, ihm zu vertrauen. Und das ist in einer intakten Beziehung nicht schwer. Ich stelle es mir nicht schwer vor, einer Mutter zu vertrauen, die eine Firma über Jahrzehnte erfolgreich aufgebaut hat. Einer Person, die du auch zu Hause als liebevoll, freundlich, mutig, stark und demütig wahrnimmst. Es ist mir heute sonnenklar, was die „Hoffnung für alle"-Übersetzung wie folgt ausdrückt: *„Ein Dummkopf weiß immer alles besser, ein Kluger nimmt auch Ratschläge an" (Sprüche 12,15).*

Wenn ich mich in die Rolle der Unternehmerin hineinversetze, dann spüre ich die Freude über eine Person, die sich etwas sagen lässt. Man merkt, dass es leicht ist, etwas zu erklären und weiterzugeben. Ich kenne aber auch das Gegenteil. In einer meiner Tätigkeiten hatte ich Personalverantwortung für ein Projekt. In meinem Team war eine Person, die immer einen Einwand hatte, es immer besser wusste, immer diskutieren wollte. Das ist nicht nur ermüdend, sondern es wird einem auch schnell klar, mit wem man nicht enger zusammenarbeiten und wem man nicht mehr Einfluss geben möchte.

Ich spreche hier wohlgemerkt nicht von Personen, die eine andere Sichtweise haben oder Einwände bzw. Verbesserungsvorschläge einbringen. Im Gegenteil. Das ist genau, was sich jemand in Verantwortung wünscht. Mitarbeiter und Kolleginnen, die in einer loyalen, demütigen Grundhaltung eine Meinung, Expertise, einen eigenen Charakter haben. Genau darum geht es! Ich bin überzeugt davon, dass wir dieses Prinzip im Leben von Gottes Freunden sehen.

Freund/Freundin Gottes werden

Die Bibel nennt Mose den demütigsten Mann auf Erden *(vgl. 4. Mose 12,3)*, seine Beziehung mit Gott darf uns Vorbild sein und eine Sehnsucht in uns wecken: *„Der HERR aber redete mit Mose von Angesicht zu Angesicht, wie ein Mann mit seinem Freunde redet" (2. Mose 33,11; LU).* Wir haben hier also einen belehrbaren, demütigen Mann, den Gott als Freund ansieht, mit dem er spricht und mit dem er sein Herz und seine Pläne teilt.

Wenn wir diese Beziehung einmal genauer betrachten, dann sehen wir deutlich, dass Mose keinesfalls ein Häufchen Elend war, der zu allem immer „Ja und Amen" gesagt hat. So viele seiner Gespräche mit Gott sind von echtem Austausch geprägt, von Diskussionen, Fragen, Ringen und unterschiedlichen Meinungen. Allein die nächsten Verse *(vgl. 2. Mose 33,12–23)* liefern einen tiefen Einblick in ihre Beziehung. Mose möchte mehr Details zu ihrer bevorstehenden Reise wissen, er sagt Gott klar und deutlich, zu welchen Konditionen er mitmacht und wann nicht, und er bittet ihn im selben Atemzug um mehr Offenbarung seiner Herrlichkeit. All das ist nicht anmaßend, sondern aus einem demütigen Herzen geboren. Gott kann nicht anders als zu sagen: *„Auch diesen Wunsch, den du jetzt ausgesprochen hast, werde ich erfüllen; denn du hast Gunst gefunden in meinen Augen, und ich kenne dich mit Namen" (2. Mose 33,17; ELB).*

Das ist eine Liebeserklärung an vollwertige Partnerschaft und Freundschaft. Das ist es, was Gott sich wünscht.

In diesem Kontext müssen wir die Worte von Jesus verstehen: *„Aber der Tröster, der Heilige Geist, den mein Vater senden wird in meinem Namen, der wird euch alles lehren und euch an alles erinnern, was ich euch gesagt habe" (Johannes 14,26; LU).* Der Heilige Geist wird dort weitermachen, wo Jesus aufhören muss. Er wird sie lehren in den Wegen und Absichten Gottes. Er wird ihnen das Herz Gottes weiter offenbaren und sie in entscheidenden Momenten an das erinnern, was Jesus gesagt oder getan hätte. „WWJD – *What would Jesus do?!*"

ist nicht nur der Aufdruck eines hippen Armbands aus den 2000er-Jahren, sondern die Agenda des Heiligen Geistes.

Dies galt für seine Freunde damals und für uns heute. Wir sollen so vertraut sein mit den Wegen und dem Wesen Gottes, dass wir in jedem Moment klar wissen, was zu tun ist und was genau jetzt dran ist. Dabei spielen wir nicht das eine gegen das andere aus. Es wird Momente geben, in denen der Heilige Geist klare Weisung gibt und in denen die Betonung mehr auf Vertrauen und Gehorsam liegt. Dann wird es aber auch viele Situationen geben, in dene Gott vermeintlich schweigt. Dieses Schweigen bedeutet keine Gleichgültigkeit, Distanz oder gar Strafe, sondern ist oftmals Ausdruck der gewachsenen Beziehung. Ja, Gottes Schweigen kann ein Ausdruck dafür sein, dass er dir vertraut! Er hat dich gelehrt, dir Dinge beigebracht, und nun bist du dran, eine Entscheidung in seinem Sinne zu treffen. Du kannst deine Schuhe selbst binden und es ist seine Freude und Ehre, dir dabei zuzuschauen.

Hab keine Angst davor. Als guter Vater, Freund und Pädagoge weiß Gott, was er tut. Falls du in Not bist oder in Gefahr stehst, einen gravierenden Fehler zu machen, lass dir diese Zeilen Trost und Zuversicht sein: *„Er wird dir gnädig sein, wenn du rufst. Er wird dir antworten, sobald er's hört. Und der Herr wird euch in Trübsal Brot und in Ängsten Wasser geben. Und dein Lehrer wird sich nicht mehr verbergen müssen, sondern deine Augen werden deinen Lehrer sehen. Und wenn ihr zur Rechten oder zur Linken gehen wollt, werden deine Ohren hinter dir das Wort hören: Dies ist der Weg; den geht!" (Jesaja 30,19–21; LU).*

Der beste und liebevollste Lehrer wird zu dir sprechen.

Ich denke, es erklärt sich von selbst, dass man die Worte Jesu kennen muss (also die Bibel), wenn einen der Heilige Geist an sie erinnern soll. In diesem Sinne ermutige ich dich einmal mehr, das Wort Gottes kennen und lieben zu lernen.

Wie ich es einleitend beschrieben habe, ist es mein erklärtes Ziel, nicht einfach Wissen zu vermitteln, sondern dass meine Worte und Erzählungen in persönliche Erfahrungen münden. Du sollst eine Freundin, ein Freund Gottes sein – eine Person, die ein weiches, belehrbares, demütiges Herz hat und mit der Gott offen reden kann. Wenn dem etwas im Wege steht, dann nimm dir Zeit und räume es aus. Wie man das macht? Sage Gott im Gebet das, was dich in diesem Abschnitt bewegt und berührt oder auch herausgefordert und korrigiert hat. Sag ja zu Mündigkeit und Freundschaft und zu Demut, Belehrbarkeit und Furcht des Herrn. Wenn es Lebensbereiche gibt, die du verändern solltest, weil sie deine Freundschaft mit Gott in irgendeiner Weise beeinträchtigen, dann ignoriere das nicht. Gehe es an! Aber du darfst wissen, dass dir der Heilige Geist dabei liebend gern als Helfer zur Seite steht …

2. DAS LEBEN IM HEILIGEN GEIST IST FRIEDE, FREUDE UND GERECHTIGKEIT

2.1. Der Heilige Geist und Frieden

Nun haben wir viel über den Heiligen Geist als den „anderen Gleichen" gehört und über den Begriff *Parakletos.* Jesus beendet seine Ankündigung des Heiligen Geistes mit dem Versprechen: *„Frieden lasse ich euch, meinen Frieden gebe ich euch. Nicht gebe ich euch, wie die Welt gibt. Euer Herz erschrecke nicht und fürchte sich* nicht" *(Johannes 14,27; LU).*

Einmal mehr kann man diese Zeilen aus verschiedenen Blickwinkeln betrachten. Zuerst bietet sich natürlich wieder der direkte Kontext an, nämlich, dass Jesus andeutet, dass er gehen wird, und seine Jünger darauf mit Bestürzung, vielleicht sogar Angst reagieren. Für mich ist das, wie gesagt, sehr nachvollziehbar. Es fühlt sich wie ein nicht zu füllendes Vakuum an, wenn derjenige, für den sie alles aufgegeben und für den sie so viel gewagt haben, sie plötzlich verlassen möchte. Wer wird sie schützen, wie werden sie Gefahren ausweichen – und überhaupt, wie soll es weitergehen?

Aus dieser Situation können wir leicht weitere Situationen ableiten, die wir alle kennen – wenn wir einen stillen Moment haben und die Gedanken anfangen zu kreisen. Sich sorgen, hat einmal jemand gesagt, heißt, über die falschen Sachen zu meditieren.

Frieden finden ganz konkret – durch Meditieren & Nachsinnen

Meditieren stammt vom lateinischen Begriff *meditare,* was so viel wie „nachdenken, nachsinnen, betrachten, beachten, erwägen" bedeutet. Viele kennen den Begriff *Meditation* von fernöstlichen Praktiken wie Yoga. Aber tatsächlich ist es ein biblisches Prinzip, das sich grundlegend von dem unterscheidet, was man heute geläufig darunter versteht. Biblisches Meditieren heißt nicht, sich gedanklich völlig zu entleeren, sondern sich mit den richtigen Gedanken zu füllen.

Die biblische Aufforderung, viel und permanent über das Wort Gottes, seine Versprechen und Möglichkeiten nachzusinnen, ist engstens mit einem gelingenden und glücklichen Leben verbunden: *„Und lass das Buch dieses Gesetzes nicht von deinem Munde kommen, sondern betrachte es Tag und Nacht, dass du hältst und tust in allen Dingen nach dem, was darin geschrieben steht. Dann wird es dir auf deinen Wegen gelingen, und du wirst es recht ausrichten. Habe ich dir nicht geboten: Sei getrost und unverzagt? Lass dir nicht grauen und entsetze dich nicht; denn der HERR, dein Gott, ist mit dir in allem, was du tun wirst" (Josua 1,8–9; LU).*

Es scheint mir hier angebracht, den Begriff „Gesetz" weiter zu setzen. Es geht nicht nur um das Gesetz im engsten Sinne, sondern um die Worte, Gedanken und Zusagen Gottes. Ähnlich bei David in Psalm 1,1-3: *„Wohl dem, der nicht wandelt im Rat der Gottlosen noch tritt auf den Weg der Sünder noch sitzt, wo die Spötter sitzen, sondern hat Lust am Gesetz des HERRN und sinnt über seinem Gesetz Tag und Nacht! Der ist wie ein Baum, gepflanzt an den Wasserbächen, der seine Frucht bringt zu seiner Zeit, und seine Blätter verwelken nicht. Und was er macht, das gerät wohl" (LU).*

Ja, dieses Nachdenken über Gott, seine Treue und seine Wege bringt auf Dauer Gelingen und kann in einer konkreten Situation der Verunsicherung direkt Gutes bewirken, nämlich Frieden statt Angst und Sorgen.

Versetzen wir uns also nochmal in die Szene hinein, wie in einem stillen Moment die Gedanken anfangen zu kreisen, sei es um die finanzielle Not der Familie, die Krankheit der Eltern oder die Freundin, mit der man sich zerstritten hat. Dieses Durchdenken von Situationen führt oft dazu, dass wir uns Szenarien vorstellen, wie es noch schlimmer wird, wie außerdem noch dieses oder jenes schiefgeht. Oder wir versuchen, Lösungen zu finden und laufen gedanklich all die Pfade ab und schauen, ob wir dort Antwort finden. Oftmals landen wir jedoch in Sackgassen. Es scheint keine Antwort zu geben oder wir können sie zumindest nicht erkennen. Das steigert das Unwohlsein und die Ohnmacht. Das nennt man dann „sich sorgen“, wenn wir über das Falsche zu lange oder in der falschen Art und Weise nachsinnen.

Das biblische Pendant ist tatsächlich – und das habe ich mit den Jahren gut gelernt –, mit dem Heiligen Geist und dem Wort Gottes über einer Situation zu brüten. Konkret mache ich das so, dass ich erst einmal wahrnehmen muss, wenn mich etwas beschäftigt. Manche spüren spät und kaum, wenn ihnen die Freude, der Friede, die Zuversicht verloren geht, oder sie sind es schon so gewöhnt, dass sie dem Trugschluss erliegen, dass sich das Leben eben so anfühlt. Aber dem ist nicht so! Paulus weist uns darauf hin, dass das Leben mit Gott nicht zuerst Essen und Trinken ist, sondern *„Gerechtigkeit und Friede und Freude im und durch den Heiligen Geist“ (frei nach Römer 14,17)*. Unser Leben soll von diesen Attributen geprägt sein und wir sollen sie emotional erleben.

Wenn ich also merke oder weiß, dass ich betrübt oder besorgt bin, dann drücke ich Gott die Gefühle meines Herzens und meine Gedanken ehrlich aus. David macht das in Psalmen sehr oft so. Danach fülle ich mein Herz mit den offenbarten Worten und Zusagen Gottes. Das heißt, ich nehme Worte aus der Bibel, Verse und Gedanken über Gott und sein Wesen, und stelle fest, dass dies die Wahrheit ist.

Wenn du z. B. vor einer herausfordernden Verhandlungssituation stehst, dann kannst du dir vorstellen, wie es ohnehin nicht oder nicht wie erhofft klappt, oder du beginnst das Wort Gottes (das du dafür kennen musst) zu durchdenken und auszusprechen. *„Denn der HERR, Gott, ist Sonne und Schild. Gnade und Herrlichkeit wird der HERR geben, kein Gutes vorenthalten denen, die in Lauterkeit wandeln“ (Psalm 84,12; ELB)*. „Du wirst Gnade geben, kein Gutes vorenthalten. Alles, was der Gerechte tut, gelingt ihm, ich vertraue dir!“ Dieses Leben aus der Wahrheit heraus zeugt von einem Glauben, der konkrete Auswirkungen hat – und eine unmittelbare Folge mit sich bringt: Frieden! Man stoppt den negativen Fluss an Gedanken und Horrorszenarien und stellt der eigenen Ohnmacht das Wort Gottes entgegen. Dies ist für alle Lebensbereiche möglich: Es gibt Verheißungen für Schutz vor Unheil, Heilung, Versöhnung, Errettung, Wiederherstellung, Führung, Wunder – für was auch immer du gerade brauchst. Durchforste das Wort Gottes, finde die Schätze darin und kultiviere sie in deinem Herzen.

Friede ist die Anwesenheit einer Person

Zur Wahrheit gehört auch, dass manche Herausforderungen, Ängste und Nöte näher an den Kern unserer Person heranrücken als andere. Auch für jemanden, der geübt ist, aus Wahrheit zu leben und sich nicht zu sorgen, können manche Situationen unüberwindbar wirken und das Meditieren über Gottes Wort kann sich dann anfühlen wie ein Tropfen auf den heißen Stein. Man kommt sich vor, als würde man gegen einen riesigen Felsen drängen und versuchen ihn wegzuschieben, aber die Angst, die Ohnmacht, der Schrecken lässt sich nicht vertreiben.

Ich hatte in meinem Leben bisher nicht nur eine dieser Situationen. Und doch durfte ich in genau diesen Situationen noch einmal mehr erkennen, was Jesu Zusage meint: *„Frieden lasse ich euch, meinen Frieden gebe ich euch. Nicht gebe ich euch, wie die Welt gibt. Euer Herz erschrecke nicht und fürchte sich nicht"* *(Johannes 14,27; LU).* Frieden ist nicht nur ein Gefühl. Frieden ist eine Person. Der Heilige Geist ist Frieden. Frieden ist nicht die Abwesenheit von Konflikten, Herausforderungen, Sorgen und Nöten, sondern zuerst die Anwesenheit von jemandem. Davon spricht Jesus, wenn er sagt: *„Frieden lasse ich euch."*

Ich glaube daran und erlebe, wie das Erkennen der Wahrheit von Sorgen frei macht, und das führt unweigerlich zu Frieden. Aber ich habe auch erlebt, dass ich einfach nicht weitergekommen bin und die Ohnmacht unüberwindbar schien. Es gibt kaum etwas Kostbareres, als wenn dann mitten in einer unangenehmen oder sogar schrecklichen Situation der Friede Gottes, der Heilige Geist, kommt und seinen Arm wie ein treuer Freund um mich legt und mein Innerstes ohne Worte beruhigt und mit Frieden flutet. Das ist ein Frieden, der alle Logik und alle offenen Fragen des Hier und Jetzt bei Weitem übersteigt. Er ist unabhängig davon. Er kommt nicht, weil etwas gelöst und geklärt ist, wie wir es erwarten würden. Wenn man die Antwort hat, wenn man die Lösung gefunden oder das Problem sich erledigt hat, dann fühlt man sich gut! Dann kann man natürlich Frieden haben. Aber dieser Frieden Gottes ist anders, er ist die Anwesenheit einer Person. Die Welt kann das nicht geben, sie kennt nichts Vergleichbares.

Paulus beschreibt es präzise: „*Sorgt euch um nichts, sondern in allen Dingen lasst eure Bitten in Gebet und Flehen mit Danksagung vor Gott kundwerden! Und der Friede Gottes, der höher ist als alle Vernunft, wird eure Herzen und Sinne in Christus Jesus bewahren*“ *(Philipper 4,6–7; LU).*

Kennen wir nicht alle die Situation, wie wir als Kinder im Keller oder aus einer dunklen Ecke etwas holen mussten und wie viel erträglicher das war, wenn Mama oder Papa mitgekommen sind? Die Anwesenheit einer Person, der wir vertrauen, bewirkt Frieden. Und der Heilige Geist möchte so jemand für dich sein.

Wir werden darauf nochmal eingehen, wenn es darum geht, den Heiligen Geist in einer Situation wahrzunehmen und mit ihm zu kooperieren.

An dieser Stelle möchte ich aber zuerst die beiden anderen Begriffe aus Römer 14,17 aufgreifen, die wir soeben gehört haben: Freude und Gerechtigkeit.

2.2. Der Heilige Geist und Freude

Froh zu sein bedarf es wenig …

Ich liebe Freude und ich liebe fröhliche Menschen. Mit Familie und Freunden lachen ist doch mit das Schönste, was es gibt. Heute stelle ich mir auch Jesus fröhlich vor. Aber das war nicht immer so. Die alten Bilder in den Kirchen, die Ikonen und natürlich auch die Motive vom Gekreuzigten sowie die Kruzifixe an jeder Weggabelung in katholisch geprägten Gegenden betonen oftmals eher den leidenden Jesus. Und zu Recht. Die Tatsache, dass er für uns gestorben ist, rettet uns und macht ein Leben mit ihm überhaupt erst möglich. Dass dieser Weg für ihn über die Maßen beschwerlich war, kann man sich vorstellen und in der Bibel detailliert nachlesen. Der leidende Jesus ist Ausdruck des liebenden Gottes.

Aber ist das alles? Wie war Jesus als Mensch in den drei Jahren seines öffentlichen Wirkens (und auch schon davor)? War er fröhlich, hat er gelacht? Wie ist er heute als Auferstandener, der zur Rechten Gottes sitzt? Betrübt und besorgt über die Menschen und den Zustand dieser Welt – wozu er tatsächlich allen Grund hätte? Er kann ja noch nicht mal den Kopf in den Sand stecken und das ganze Dilemma ignorieren. Er ist schließlich allwissend.

Wenn man das Leben Jesu betrachtet und wach zwischen den Zeilen liest, dann erkennt man schnell, dass er ein angenehmer Zeitgenosse gewesen sein muss … wenn man nicht gerade ein gesetzlicher Pharisäer war. Aber selbst in Jesu Umgang mit den hartherzigen Schriftgelehrten erkennen wir etwas Entscheidendes: Jesus hat aus seinem Herzen heraus gelebt, furchtlos und leidenschaftlich. Oder wie möchte man so eine Aussage von ihm sonst interpretieren: *„Weh* *euch, Schriftgelehrte und Pharisäer, ihr Heuchler, die ihr seid wie die übertünchten Gräber, die von außen hübsch scheinen, aber innen sind sie voller Totengebeine und lauter Unrat! So auch ihr: Von außen scheint ihr vor den Menschen gerecht, aber innen seid ihr voller Heuchelei und missachtet das Gesetz. […] Wohlan, macht auch ihr das Maß eurer Väter voll! Ihr Schlangen, ihr Otterngezücht! Wie wollt ihr der höllischen Verdammnis entrinnen?" (Matthäus 23,27–28;32–33; LU).*

Nicht unbedingt diplomatisch ausgedrückt oder für das eigene Wohlergehen förderlich, aber echt und geradeaus. Wir haben nur ein Herz. Entweder unser Herz ist weich und kann fühlen. Dann fühlt es Freude, Jubel, Frieden, Hoffnung, aber auch Schmerz, Angst, Wut und Ärger. Oder aber wir wollen die schmerzhaften Gefühle nicht und töten unser Herz ab, doch dann fühlen wir letztlich auch das Schöne nicht mehr. Jesus jedoch lebt und Jesus fühlt – hier den Ärger über eine religiöse Elite, die so weit von Gott weg ist und es den Menschen schwer bis unmöglich macht, Gott zu erkennen. Aber, weil Jesus so intensiv fühlen kann, kann er auch Freude spüren und genießen.

An einem Punkt stellt Jesus seinen Dienst dem von Johannes des Täufers gegenüber. *„Wir haben euch aufgespielt, und ihr habt nicht getanzt; wir haben Klagelieder gesungen, und ihr habt nicht geweint. Denn Johannes der Täufer ist gekommen und aß kein Brot und trank keinen Wein; und ihr sagt: Er ist von einem Dämon besessen. Der Menschensohn ist gekommen, isst und trinkt; und ihr sagt: Siehe, dieser Mensch ist ein Fresser und Weinsäufer, ein Freund der Zöllner und*

Sünder! Und doch ist die Weisheit gerechtfertigt worden von allen ihren Kindern" *(Lukas 7,32–35; LU).*

Johannes der Täufer hat das Volk zur Umkehr aufgerufen, einen Lebensstil des Fastens gelebt, und Jesus vergleicht dieses Leben mit einem Klagelied. Jesu Dienst hingegen, in dem er die Güte Gottes offenbart, Kranke heilt, Wunder wirkt, mit Sündern isst und trinkt, vergleicht er mit einem Lied, das zum Tanzen und Fröhlichsein animiert. Aus den Anklagen der Pharisäer kann man schließen, dass Jesus auf Festen ganz anwesend war, immer ohne Sünde, aber nicht als Partyschreck und Spielverderber. Jesus war ein gern gesehener Gast.

Wenn das Leben schmerzt

Ich kenne viele Menschen, die viel Leid und Schmerz erlebt haben und deren Leben von Schwere geprägt ist. Genau für sie ist Jesus gekommen. In Matthäus 11,28-30 lädt er ein: *„Kommt her zu mir, alle, die ihr mühselig und beladen seid; ich will euch erquicken. Nehmt auf euch mein Joch und lernt von mir; denn ich bin sanftmütig und von Herzen demütig; so werdet ihr Ruhe finden für eure Seelen. Denn mein Joch ist sanft, und meine Last ist leicht*" *(LU).*

Egal, was unsere Geschichte ist, wie viel Not wir erlebt haben: Jesus ist gekommen, damit wir Heilung, Befreiung und Wiederherstellung erleben. Das gilt für jeden und für jede Geschichte. Das sind keine leeren Worte, keine menschlichen Worte, sondern es ist eine Einladung Gottes, ein Wunder am eigenen Herz zu erleben. Jesus wird bei niemanden sagen müssen: „Oh, verzeih, das ist doch etwas zu heftig und überfordert mich jetzt. Da kann ich leider auch nicht wirklich helfen!" Nein, niemals. Egal, wie traumatisch deine Vergangenheit ist, egal, wie viel Unrecht dir angetan wurde, Jesus kann und will heilen. Damit schmälere ich nicht das Leid, das du vielleicht erlitten hast, aber ich rufe aus, wie gut und real die Liebe und Hilfe Gottes ist!

Jede und jeder von uns soll erleben, dass die Wunden, die uns das Leben hinzugefügt hat, verheilen. Nicht eitern, nässen oder vor sich hinvegetieren, sondern heilen. Bitte Gott darum, das zu tun, wenn noch nicht geschehen, denn nur wer Heilung erfährt, wird echte, satte Beziehungen leben können und das Leben genießen können. Denjenigen, die das Gefühl haben, dass sich schon jahrelang nichts verändert hat, möchte ich zurufen: Lasst die Hoffnung nicht fallen! Der Herr kann und will helfen!

Jesus, der Sohn Gottes, der das Leid und Unrecht der Welt kannte und eng am Herzen des allwissenden Gottes war, war dennoch nicht vom Leid der Welt erdrückt. Das Lebensgefühl, das er ausstrahlt, klingt für manche fast provozierend: „Take it easy! Don't worry, be happy." Zu Deutsch: „Nimm es nicht so schwer, sorge dich nicht und sei fröhlich" oder in Jesu Worten: *„Kommt her zu mir, alle, die ihr mühselig und beladen seid; ich will euch erquicken. Nehmt auf euch mein Joch und lernt von mir; denn ich bin sanftmütig und von Herzen demütig; so werdet ihr Ruhe finden für eure Seelen. Denn mein Joch ist sanft, und meine Last ist leicht."*

Wer so fühlt, ist glücklich. Und wer glücklich ist, hat Freude. Jesus hatte Freude. Und Jesus schenkt Freude. Ich erinnere daran, dass der Heilige Geist für uns das ist, was Jesus zu seinen Lebzeiten auf der Erde für seine Jünger war. Aus diesem Grund dürfen wir wissen, dass unser Leben, unabhängig von den äußeren Umständen, ein Leben der Freude sein darf. Unser Beistand, der Heilige Geist, ist Freude, und sein Wesen, seine Gegenwart und seine Hilfe spenden Freude – was für eine FROHE Botschaft!

Freude im Königreich

Das Leben im Reich Gottes hat mit Freude zu tun, lässt uns auch der Apostel Paulus wissen *(vgl. Römer 14,17)*. Ja, jener Apostel, der aus dem Gefängnis folgende Zeilen nach draußen schmuggeln oder senden lässt: *„Freut euch im Herrn allezeit! Wiederum will ich sagen: Freut euch! Eure Milde soll allen Menschen bekannt werden; der Herr ist nahe […]" (Philipper 4,4–5; ELB).*

Solche Aufforderungen aus einem Gefängnis geschickt zu bekommen, das ist schon ungewöhnlich, erst recht, wenn ein Mann sie schreibt, der seinen Dienst an anderen Stellen wie folgt beschreibt: *„Wir haben aber diesen Schatz in irdenen Gefäßen, auf dass die überschwängliche Kraft von Gott sei und nicht von uns. Wir sind von allen Seiten bedrängt, aber wir ängstigen uns nicht. Uns ist bange, aber wir verzagen nicht. Wir leiden Verfolgung, aber wir werden nicht verlassen. Wir werden unterdrückt, aber wir kommen nicht um […]" (2. Korinther 4,7–9; LU).*

Dann, zwei Kapitel weiter: *„Und wir geben in nichts irgendeinen Anstoß, damit dieser Dienst nicht verlästert werde; sondern in allem erweisen wir uns als Diener Gottes: in großer Geduld, in Bedrängnissen, in Nöten, in Ängsten, in Schlägen, in Gefängnissen, in Aufruhr, in Mühen, im Wachen, im Fasten, in Lauterkeit, in Erkenntnis, in Langmut, in Freundlichkeit, im Heiligen Geist, in ungefärbter Liebe, in dem Wort der Wahrheit, in der Kraft Gottes, mit den Waffen der Gerechtigkeit zur Rechten und zur Linken, in Ehre und Schande; in bösen Gerüchten und guten Gerüchten, als Verführer und doch wahrhaftig; als die Unbekannten und doch bekannt; als die Sterbenden, und siehe, wir leben; als die Gezüchtigten und doch nicht getötet; als die Traurigen, aber allezeit fröhlich; als die Armen, aber die doch viele* *reich machen; als die nichts haben und doch alles haben" (2. Korinther 6,3–10; LU).*

Zum Abschluss seines ermutigenden Briefes zoomt er noch ein wenig heran, damit wir deutlicher sehen können: *„Sie sind Diener Christi? Ich rede wider alle Vernunft: Ich bin's weit mehr! Ich habe mehr gearbeitet, ich bin öfter gefangen gewesen, ich habe mehr Schläge erlitten, ich bin oft in Todesnöten gewesen. Von Juden habe ich fünfmal erhalten vierzig Geißelhiebe weniger einen; ich bin dreimal mit Stöcken geschlagen, einmal gesteinigt worden; dreimal habe ich Schiffbruch erlitten, einen Tag und eine Nacht trieb ich auf dem tiefen Meer. Ich bin oft gereist, ich bin in Gefahr gewesen durch Flüsse, in Gefahr unter Räubern, in Gefahr von meinem Volk, in Gefahr von Heiden, in Gefahr in Städten, in Gefahr in Wüsten, in Gefahr auf dem Meer, in Gefahr unter falschen Brüdern; in Mühe und Arbeit, in viel Wachen, in Hunger und Durst, in viel Fasten, in Frost und Blöße; und außer all dem noch das, was täglich auf mich einstürmt, die Sorge für alle Gemeinden" (2. Korinther 11,23–28; LU).*

Bewerbungsschreiben für Leitungsämter im Reich Gottes bitte an: **hart-im-nehmen@das-war-es-dann-mit-der-freude.com**

Es scheint so verwunderlich und widersprüchlich. Wie kann jemand vor Freude übersprudeln, das Reich Gottes mit diesem Wort beschreiben und andere auffordern, es ihm gleichzutun. *„Freut euch im Herrn allezeit!"* Paulus muss entweder ein Hochstapler sein, der uns etwas andrehen möchte, oder jemand, der etwas wunderbar Übernatürliches kennt. Ich plädiere für Zweiteres!

Die „Dienstbeschreibung" von Paulus deckt sich mit den Worten Jesu, bevor er seine Jünger verlässt: *„In der Welt habt ihr Bedrängnis;*

aber seid guten Mutes, ich habe die Welt überwunden" (Johannes 16,33; ELB). In dieser Welt gibt es Bedrängnisse und *„wir müssen durch viele Bedrängnisse in das Reich Gottes eingehen"* (*Apostelgeschichte 14,22; LU).* Dennoch, so vernehmen wir, ist das Leben im Dienst Gottes ein Leben, das von Freude gekennzeichnet ist.

Freude trotz Herausforderungen

Die Herausforderungen, die wir im Leben von Paulus sehen, sehen wir auch im Leben der anderen Apostel und im Leben von Jesus selbst. Auch heute gibt es allerlei Herausforderungen, wenn wir Jesus nachfolgen. Je nach Persönlichkeit, Kontinent und Land sehen diese Bedrängnisse ganz unterschiedlich aus, aber sie sind vorhanden. Der Epheserbrief, Kapitel 6 lehrt uns: *„Zuletzt: Seid stark in dem Herrn und in der Macht seiner Stärke. Zieht an die Waffenrüstung Gottes, damit ihr bestehen könnt gegen die listigen Anschläge des Teufels. Denn wir haben nicht mit Fleisch und Blut zu kämpfen […]" (V. 10–12; LU).*

Wir leben in einem ständigen Konflikt, ob wir es wissen oder nicht und ob wir es wollen oder nicht! Zu diesen äußeren Konflikten, die ich aufgrund ihrer Vielfältigkeit nicht näher beschreibe – man betrachte nur sein eigenes Leben –, gibt es dann noch die Konflikte und Versuchungen, die nicht von außen kommen, sondern die man mit sich selbst hat. Paulus gibt uns eine Kurzübersicht jener Dinge, die einem die Freude entweder direkt oder durch die vielfachen oder vergeblichen Versuche, gegen sie anzugehen, rauben. Im Galaterbrief, Kapitel 5 heißt es: *„Offenkundig sind aber die Werke des Fleisches, als da sind: Unzucht, Unreinheit, Ausschweifung, Götzendienst, Zauberei, Feindschaft, Hader, Eifersucht, Zorn, Zank, Zwietracht, Spaltungen, Neid, Saufen, Fressen und dergleichen. Davon habe ich euch* *vorausgesagt und sage noch einmal voraus: Die solches tun, werden das Reich Gottes nicht erben“* (V. 19–21; LU).

Ich habe selbst erlebt, wie einem manches davon die Schönheit und Leichtigkeit des Lebens stiehlt. Anderes habe ich viele Jahre lang eher als Freude wahrgenommen. Mein Leben war in meiner Jugend lange gekennzeichnet von Ausschweifung und das hat meinen drögen Alltag erst so richtig lebendig gemacht. Egal, ob Drogen, Party, Pornographie und anderes: Diese Dinge waren viele Jahre mein Lebenselixier.

Als ich dann Jesus kennengelernt und das echte Leben geschmeckt habe, war ich überwältigt von diesem Frieden und diesem tiefen inneren Satt-Sein. Plötzlich fühlte ich mich ausgefüllt und angekommen. Gleichzeitig begann eine Reise, auf der ich Gottes Herz immer mehr erkennen durfte, und dadurch verstand ich, wie viel von meinem alten Leben und meinen Gewohnheiten ihn, mich und andere verletzt hatten. Außerdem bemerkte ich, dass alles nur fader Schein gewesen war! Dieses „Elixier“ hielt nicht, was es versprochen hatte. Nichts von all dem machte mich wirklich glücklich und zufrieden. Im Gegenteil: nur arm, dumm, platt und träge! Das wollte ich nicht mehr, damit wollte ich aufräumen.

Leichter gesagt als getan. Plötzlich kamen mir all diese Dinge wie Schätze vor, die man nicht loslassen möchte. Wie sollte ein Leben ohne diese Dinge aussehen, ganz zu schweigen von einem glücklichen Leben? Es fühlte sich so an, als müsste ich alles, was richtig Freude macht, aufgeben. Aufgeben für ein langweiliges Leben. Auch wenn ich wusste, dass diese Gefühle und Gedanken nicht ferner von der Wahrheit sein konnten, wirkten sie damals wie ein undurchdringbares Netz.

Es überstieg meine Vorstellungskraft, wo ohne sie Freude herkommen sollte. Für manche ist das schwer nachzuvollziehen, andere wissen genau, wovon ich spreche.

Ich bin dem Heiligen Geist sehr dankbar, dass er uns durch Paulus zuruft, dass das Leben mit Gott (durch den Heiligen Geist) ein Leben voll von Gerechtigkeit, Friede und Freude ist *(vgl. Römer 14,17)*. Ich bin dankbar, dass er diese drei Begriffe zusammen nennt und dass sie mittlerweile zu meiner Lebensbeschreibung gehören.

Aber Hand aufs Herz: Natürlich gibt es Tage, an denen ich all das intensiv erlebe, aber manchmal auch gar nicht. An manchen Tagen füllt der Heilige Geist eine empfundene Leere spürbar aus, manchmal – zumindest gefühlt – aber auch gar nicht. An manchen Tagen fühle ich mich sehr geistlich, an anderen freue ich mich, wenn ich abends ins Bett komme. An manchen Abenden liege ich dort dann fröhlich und überwältigt, an anderen schlafe ich einfach ein. Aber ganz gleich, wie ich fühle: Gottes Gnade ist jeden Morgen neu. Und er ist da! Immer! Und allein diese stille Gewissheit lässt mich immer wieder zur Freude zurückfinden. Deshalb kann ich heute – viele Jahre später – bezeugen: Das Leben mit Gott ist tatsächlich ein Leben voller Freude und alles andere als langweilig.

2.3. Der Heilige Geist und Gerechtigkeit

Ein Leben ohne Exzess?

Wie eben schon angedeutet, konnte ich mir kaum vorstellen, wie ein Leben ohne all diese Exzesse glücklich sein konnte. Ich stellte es mir vor wie eine Party ohne Musik und ohne Essen. Als ob man die Farbe aus einem Landschaftsgemälde saugen würde oder den Sonnenuntergang in Schwarz-Weiß zu genießen versuchte. Als einen Widerspruch in sich.

Aber ich spürte das Drängen und das Reden des Heiligen Geistes.

Da gab es viel in meinem Leben als junger Christ, was genauer betrachtet und aus Gottes Sicht nicht lebensfordernd, erfüllend oder heilsam war, sondern mit Tod, Täuschung und Zerstörung einherging. Es widersprach ihm und hatte mit ihm, meinem Meister, nichts zu tun.

Ich liebte Jesus und war so dankbar, dass ich ihn gefunden hatte – und dass er bereit war, mir meine Schuld zu vergeben und mir ein neues Leben zu schenken. Und ich wusste genau, dass mein vorheriges unabhängiges Leben mich nicht ans Ziel gebracht hatte. Innerlich war ich zerbrochen und hatte seit dem Tag meiner Errettung kapituliert. Mein Leben gehörte nicht mehr mir, ich hatte den „Vertrag" darüber fröhlich und in vollem Bewusstsein unterschrieben. „Alles gehört dir, nimm, was du willst, und mach damit, was du möchtest, Gott!" Das waren die Konditionen! All IN!

Es war also nicht die Frage, ob ich bereit war, Gott alles zu übergeben, das Rauchen, die Drogen, meine Sexualität und so vieles mehr. Das Problem war, dass ich nicht wusste, wie.

Ich wollte, auch wenn ich Angst verspürte, aber ich konnte nicht!

Paulus Worte hätten von mir stammen können: *„Denn ich weiß, dass in mir, das heißt in meinem Fleisch, nichts Gutes wohnt. Wollen habe ich wohl, aber das Gute vollbringen kann ich nicht. Denn das Gute, das ich will, das tue ich nicht; sondern das Böse, das ich nicht will, das tue ich. Wenn ich aber tue, was ich nicht will, vollbringe nicht* *mehr ich es, sondern die Sünde, die in mir wohnt. So finde ich nun das Gesetz: Mir, der ich das Gute tun will, hängt das Böse an. Denn ich habe Freude an Gottes Gesetz nach dem inwendigen Menschen. Ich sehe aber ein anderes Gesetz in meinen Gliedern, das widerstreitet dem Gesetz in meinem Verstand und hält mich gefangen im Gesetz der Sünde, das in meinen Gliedern ist. Ich elender Mensch! Wer wird mich erlösen von diesem Leib des Todes?" (Römer 7,18–24; LU).*

Das betraf natürlich noch weit mehr als die oben genannten Dinge. Dazu gehörten auch die Haltungen, die wir zuvor in Galater 5 gelesen haben: Neid, Eifersucht, Zorn! Wo war der Knopf, um all das abzustellen?

Der Brief, den Paulus damals an die Gemeinde in Rom schreibt, gibt uns Hintergrundinformationen über die Erlösung, die durch Jesus geschehen ist. Auf Paulus' rhetorische Frage: *„Ich elender Mensch! Wer wird mich erlösen von diesem Leib des Todes?"*, kommt die klare Antwort: *„Dank sei Gott durch Jesus Christus, unsern Herrn!" (Römer 7,25; LU).* Natürlich: Jesus hat uns erlöst und die Voraussetzungen geschaffen.

Tatsächlich hatte ich das schon erlebt, aber noch war ich nicht frei, geschweige denn verändert. Ich lebte immer noch in den genannten Bereichen, kämpfte mit Eifersucht und Zorn.

Es war eine sehr herausfordernde Phase. Ich wusste, ich war errettet, ich liebte Jesus, ich wollte so sein und so leben wie er, aber es gelang mir einfach nicht. Egal, wie sehr ich mich anstrengte, es funktionierte nicht. Ich betete, fastete das erste Mal, ließ andere für mich beten, erzählte es anderen, aber irgendwie schien die Erlösung nicht konkret zu greifen. Ich war nicht frei!

Gerechtigkeitsstreben und Unvermögen – ein Dilemma?

In mein „Frisch-verliebt-in-Jesus-sein“ mischten sich mein schlechtes Gewissen und Scham. Wie konnte ich gerade noch so überwältigt von Liebe, Reinheit und Heiligkeit sein und jetzt wieder so an meinem alten Leben und seinen Gewohnheiten hängen? Jesus war doch meine Freude, mein Friede, mein Ein und Alles. Das betete ich, das sang ich von ganzem Herzen. So fühlte und so meinte ich es auch. Aber ein Leben ohne Zigaretten, ohne Drogen und ohne meine sexuellen Geheimnisse gelang mir nicht. Das war eben auch Freude, auch Genuss und auch eine – wenn auch verkorkste – Form von Frieden. Wäre da nicht das immer stärker nagende schlechte Gewissen …

Ich war innerlich zerrissen. Ich kam mir wie ein Heuchler vor. Hier bete und singe ich, und gefühlt auch mit ganzem Herzen, und hier lebe ich etwas völlig Konträres.

Langsam, aber sicher stellte sich die Überzeugung in mir ein, dass ich mein Leben erst einmal in den Griff bekommen sollte, bevor ich mit Gott weiterging. Das war doch eine Schande, wie es gerade lief! Das spürte ich. Von Gott weggehen wollte ich nie mehr. Ich war noch immer so überwältigt von seiner Liebe und so dankbar für mein neues, mein ewiges Leben. Aber ich musste erstmal meine Probleme regeln. Dieses Hin und Her, anbeten und dann kiffen, Jesus betrachten und dann sexuell fantasieren, das passte nicht zusammen. In jenen Tagen hörte ich einen Pastor und heutigen Freund sagen: „Die ärmsten Menschen sind eigentlich diejenigen, die Gott kennen, aber bewusst in Sünde leben. Weil sie Gott kennen und in diesen Dingen bleiben, erleben sie Gott und seine Gegenwart nicht richtig, und gleichzeitig können sie die Sünde auch nicht mehr richtig genießen, weil sie zu viel wissen!“ Genauso erlebte ich es.

Also musste ich das Dilemma auflösen. Doch schnell bemerkte ich, dass ich chancenlos war. Es gelang mir immer noch nicht. Der Schatten und die Schwere auf mir wurden immer größer. Das war kein Leben gekennzeichnet von Gerechtigkeit, Friede und Freude. Was sollte ich nur tun? Ich schrie zu Gott und flehte ihn an, mir zu helfen. Das Ganze erstreckte sich über einige Wochen und Monate. Und ich war teilweise sehr verzweifelt.

Ganz leise wirbst du um mein Herz

Gottes Antwort kam. Nicht spektakulär und blitzartig, sondern eher wie ein Flüstern. Ich sage das vornweg: Der Heilige Geist kommt oft spektakulär, greift gewaltig ein und verändert ein Leben im Hauch einer Sekunde. Das gilt es zu erwarten und zu erbitten und so sehen wir es hundertfach im Leben und Dienst von Jesus. Aber in meinem Fall war es ganz anders. Eine Szene aus dem Alten Testament beschreibt es treffend: *„Der Herr sprach: Geh heraus und tritt hin auf den Berg vor den HERRN! Und siehe, der HERR ging vorüber. Und ein großer, starker Wind, der die Berge zerriss und die Felsen zerbrach, kam vor dem HERRN her; der HERR aber war nicht im Winde. Nach dem Wind aber kam ein Erdbeben; aber der HERR war nicht im Erdbeben. Und nach dem Erdbeben kam ein Feuer; aber der HERR war nicht im Feuer. Und nach dem Feuer kam ein stilles, sanftes Sausen. Als das Elia hörte, verhüllte er sein Antlitz mit seinem Mantel und ging hinaus und trat in den Eingang der Höhle. Und siehe, da kam eine Stimme zu ihm und sprach: Was hast du hier zu tun, Elia?" (1. Könige 19,11-13; LU).*

Der Herr kam und begegnete mir mit einer für mich entwaffnenden und überfordernden Antwort: „<u>Ich</u> werde dich freimachen, sobald du weißt, dass ich dich inmitten deines Schlamassels liebe!" Die entscheidenden Betonungen habe ich unterstrichen. ER wird mich freimachen. Nicht ich, nicht meine Willenskraft, meine Disziplin, mein Gebet und mein Fasten. Und dies wird geschehen, SOBALD ICH WEISS, dass er mich liebt.

Mein spontanes Empfinden damals war: „Aber, ich *weiß* doch, dass du mich liebst!"

Doch dann ahnte ich schon, dass er recht hatte. Gott liebte mich, da war ich mir sicher. Aber im Verlauf der nächsten Woche, als ich immer wieder über diesen Satz nachdachte, spürte ich, wie präzise seine Aussage war. Was ich bisher geglaubt hatte, war Folgendes: Gott liebt mich, aber ich sollte ihm nicht vor die Augen treten, bevor ich meine Baustellen geklärt habe. Bestimmt war er enttäuscht und mit jeder weiteren Begegnung mit mir musste seine Enttäuschung und dann vielleicht auch seine Wut wachsen. Es war nur eine Frage der Zeit, bis ihm der Geduldsfaden reißen und er mich rausschmeißen würde. Vielleicht als pädagogische Maßnahme, im Sinn von: „Da siehst du, was du davon hast", aber diese meine Lässigkeit konnte er nicht mehr lange aushalten. Ich war in einer Zwickmühle. Denn die einzige konforme Antwort auf dieses Gefühl war: „Dann streng dich gefälligst an!" Aber genau das gelang mir ja nicht. Es war wirklich zum Verzweifeln!

Langsam (und ich meine wirklich langsam) dämmerte es mir. „Sobald du weißt, dass ich dich inmitten deines Schlamassels liebe, werde ich dich freimachen!"

Konnte das sein? Liebte er mich mit Leidenschaft, Hingabe und Freude an mir, genau jetzt? Blickte er tiefer als auf meine konkreten Taten, die so aussahen, als könnte ich es gar nicht erwarten, mich nach einem vollen Tag endlich ins „Vergnügen" zu stürzen? Liebte er mich, obwohl ich noch mit Sünde kämpfte und immer wieder versagte?

Die Sicherheit, von Gott wirklich auch dann noch geliebt zu sein, wuchs langsam, aber stetig. So musste es sein. Er blickte tiefer, er wusste, was ich wirklich wollte. Was ich noch viel mehr wollte als den Joint, den Porno oder all den anderen Mist. Ich wollte ihn, ihm gefallen, mit ihm leben, alles hinter mir lassen, was er nicht mochte. Das wollte ich! Das entsprang meinem wahren Ich! Ja, DAS war ich!

Der Heilige Geist überzeugt (überführt) von Sünde, aber auch von Gerechtigkeit *(vgl. Johannes 16,8)*. Er hatte mich überzeugt und mir gezeigt, was Sünde (am Ziel vorbei leben) ist, aber nun hatte er mich auch überzeugt, dass ich durch Jesu Blut dennoch gerecht war. Das war ich. Gerecht. Versöhnt mit Gott. Ich hatte ein neues Herz, ein Herz, das will, was Gott will, wie es der Prophet Hesekiel schon vor Tausenden Jahren prophezeit hat: *„[…] und ich will reines Wasser über euch sprengen, dass ihr rein werdet; von all eurer Unreinheit und von allen euren Götzen will ich euch reinigen. Und ich will euch ein neues Herz und einen neuen Geist in euch geben und will das steinerne Herz aus eurem Fleisch wegnehmen und euch ein fleischernes Herz geben. Ich will meinen Geist in euch geben und will solche Leute aus euch machen, die in meinen Geboten wandeln und meine Rechte halten und danach tun. Und ihr sollt wohnen im Lande, das ich euren Vätern gegeben habe, und sollt mein Volk sein, und ich will euer Gott sein" (Hesekiel 36,25–28; LU).*

Paulus bringt es auf den Punkt, wenn er sagt: *„Denn er hat den, der von keiner Sünde wusste, für uns zur Sünde gemacht, auf dass wir in ihm die Gerechtigkeit würden, die vor Gott gilt" (2. Korinther 5,21; LU).*

Ich hörte einmal jemanden sagen, dass der längste Weg des Universums der vom Kopf ins Herz sei. Ich weiß nicht, ob das stimmt, aber in diesen Wochen und Monaten habe ich erlebt, was es bedeutet und wie es sich anfühlt, wenn eine theologische Wahrheit, die ich meinte, intellektuell ergriffen zu haben, zu einer Herzensgewissheit und -offenbarung wird.

„Ich rede aber von der Gerechtigkeit vor Gott, die da kommt durch den Glauben an Jesus Christus zu allen, die glauben. Denn es ist hier kein Unterschied: Sie sind allesamt Sünder und ermangeln des Ruhmes, den sie vor Gott haben sollen, und werden ohne Verdienst gerecht aus seiner Gnade durch die Erlösung, die durch Christus Jesus geschehen ist" (Römer 3,22–24; LU).

Ich war vor Gott gerecht, nicht aufgrund meiner Taten, nicht aufgrund meiner Fehlerlosigkeit, sondern weil ich an Jesus glaubte. Durch diesen Glauben war ich „von Neuem geboren" worden und hatte ein neues Herz bekommen, wie es der Prophet vorhergesagt hatte. Dieses neue Herz wollte nun, was Gott wollte. Das war meine neue Identität, das war ich. In dieser Wahrheit konnte ich ruhen. Das war nicht billige Gnade, die sagt: „Ich kann leben, wie ich will, Gott ist ja dafür gestorben und wird mir vergeben!" Nichts läge mir ferner. Als neue Schöpfung, als Mensch, der eine so überwältigende Gnade erlebt hatte, war die einzig angemessene Antwort: „Ich will, was du willst, all meine Taten, Gedanken, mein ganzes Leben soll dich verherrlichen und dein Herz berühren, Gott" Kein bewusstes Spielen mit Sünde, aber ein echtes Wissen, dass *„er das Werk vollenden muss, das er begonnen hat!" (Philipper 1,6).*

Somit waren die Voraussetzungen erfüllt. Nun „wusste ich, dass er mich inmitten meines Schlamassels liebte“, also konnte die Freiheit nicht fern sein. Aber auch an dieser Stelle wählte Gott einen anderen Weg für mich. Anstatt machtvoll und augenblicklich einzugreifen, geschah etwas anderes. Ich konnte mich Gott wieder mit Leichtigkeit nahen, ohne schlechtes Gewissen, und ihn und seine Gegenwart einfach genießen. Egal, ob das im Gottesdienst war, ob ich allein betete und sang, bei der Arbeit oder abends im Bett. Ich wusste, ich war geliebt.

Äußerlich hatte sich noch nichts verändert. Ich lebte noch in diesen unguten Dingen, aber ich wusste, wer ich war und wie Gott mich sah. Aus diesem Grund konnte ich nun sehr offen und sehr vertrauensvoll mit ihm über all das reden. Das klang in etwa so: „Vater, Papa, du siehst genau, wie es in mir aussieht, was ich mache, auf was ich mich freue. Und ich weiß, dass es nicht zu mir gehört und ich es nicht möchte. Allein komme ich da nicht raus, das habe ich bemerkt. Aber ich weiß, dass du mich befreien wirst. Das hast du versprochen, das hast du gesagt und ich glaube dir. Ich weiß nicht wie, aber ich weiß, dass! Ich bleibe dir nah, ich suche deine Nähe, ich liebe dich!“

In dieser Zeit formierte sich in mir der Satz, den ich heute oft gebrauche: „Ich verändere mich nicht, um zu kommen, sondern ich komme, damit ich verändert werde!“ Klingt eigentlich logisch und einfach und wie das Evangelium. Dennoch war es für mich damals revolutionär. Und tatsächlich ist es das auch. Denn genau darum geht es im Neuen Bund, in dem wir heute leben dürfen, und in dem wir aus nahezu skandalöser Gnade gerecht vor Gott stehen dürfen und nicht aufgrund unserer eigenen gerechten Werke.

Der bessere Bund

Tatsächlich ist das der Kern des neuen Bundes: Ein Lehrling wird wie sein Meister, weil sie Zeit gemeinsam verbringen und der Meister ihm das notwendige Handwerkszeug beibringt. „Wie der Vater, so der Sohn" – dieses Sprichwort deutet an, dass unsere Herkunft uns prägt. Und das gilt auch in Bezug auf Gott. Am Anfang lebte Gott in enger, täglicher Gemeinschaft mit seinen Kindern. Wenn es Abend wurde im Paradies und der Wind angenehm wehte, spazierte Gott durch seinen Garten, um seine Lieblinge, die Menschen, zu treffen. *„Und sie hörten Gott den HERRN, wie er im Garten ging, als der Tag kühl geworden war." (1. Mose 3,8; LU).* Wir können davon ausgehen, dass dies eine schöne Angewohnheit und der Höhepunkt des Tages war, aber plötzlich war alles anders: *„Und Adam versteckte sich mit seiner Frau vor dem Angesicht Gottes des HERRN zwischen den Bäumen im Garten" (1. Mose 3,8; LU).* Adam und Eva verstecken sich und wollten Gott nicht begegnen.

Was war geschehen? Ohne in alle Details zu gehen, sei nur so viel gesagt: Adam und Eva hatten einen großen Fehler gemacht, indem sie sich bewusst gegen Gottes Ansage gestellt hatten. Es gab im Garten eine unvorstellbare Anzahl an herrlichsten Bäumen und Früchten. Von allen durften sie essen und kosten. Nur von einem nicht. Die Frucht dieses Baumes würde Tod in ihr Leben bringen, wenn sie davon äßen. Der Teufel, die alte Schlange, wie die Bibel ihn nennt, hatte die Menschen jedoch bewusst belogen und in eine Falle gelockt: *„Hat Gott wirklich gesagt: Von allen Bäumen des Gartens dürft ihr nicht essen?" (1. Mose 3,1; ELB).* Übertreibung, Untertreibung, Misstrauen säen und lügen – das ist sein Metier. Nichts war weiter von der Wahrheit entfernt, aber es gelang ihm dennoch, sie zu täuschen. Jener

Baum, der den Namen „Baum der Erkenntnis von Gut und Böse“ trug (*1. Mose 2,9*), wurde ihnen zum Verhängnis. Nachdem Eva sich hatte einlullen lassen, übernahm auch Adam keine Verantwortung.

„Da sprach die Schlange zur Frau: Ihr werdet keineswegs des Todes sterben, sondern Gott weiß: An dem Tage, da ihr davon esst, werden eure Augen aufgetan, und ihr werdet sein wie Gott und wissen, was gut und böse ist. Und die Frau sah, dass von dem Baum gut zu essen wäre und dass er eine Lust für die Augen wäre und verlockend, weil er klug machte. Und sie nahm von seiner Frucht und aß und gab ihrem Mann, der bei ihr war, auch davon und er aß. Da wurden ihnen beiden die Augen aufgetan und sie wurden gewahr, dass sie nackt waren, und flochten Feigenblätter zusammen und machten sich Schurze“ (1. Mose 3,4–7; LU).

Man könnte hier noch viel schreiben, erklären und deuten. Diese ersten Kapitel der Bibel sind reich an Offenbarung, aber ich möchte es bei den folgenden Aussagen belassen: Die neu gewonnene Erkenntnis durch die Frucht des Baumes produzierte bei Adam und Eva Scham. Scham aber tötet Beziehung, Nähe und Intimität. Genau das, wofür Gott den Menschen erschaffen hatte als sein Gegenüber! Durch Nähe, Beziehung und Vertrauen hätte sich der Satz bewahrheitet: Wie der Vater, so der Sohn! Adam und wir alle wären durch eine aktiv gelebte Beziehung mit Gott immer mehr geworden wie unser Vater. Doch dieses Band wurde jäh zerrissen.

Genau hier setzt das Evangelium an, wenn es uns absolut unverdient mit Gott versöhnt, unser Innerstes reinigt vom schlechten Gewissen *(vgl. Hebräer 10,22)* und uns dadurch wieder eine ungetrübte Beziehung zu Gott ermöglicht – in einem neuen Bund der Gnade. Nicht weil wir alles richtig machen, sondern weil wir wissen, dass wir genau jetzt, genau hier und heute, dass genau du und ich von Gott in der Art und Weise geliebt sind, wie er seinen vollkommenen Sohn Jesus liebt. *„[…] und die Welt erkenne, dass du mich gesandt hast und sie liebst, wie du mich liebst“ (Johannes 17,23; LU).*

Durch das vollbrachte Werk von Jesus kommen wir geistlich gesehen wieder in den Zustand von Eden vor dem Sündenfall zurück. Wenn Gott sich in der Kühle des Abends auf den Weg zu uns macht, müssen wir uns nicht verstecken. Das liegt nicht daran, dass wir perfekt sind und alles richtig machen, sondern weil unser Versagen einfach nicht mehr das Thema ist und nie hätte sein dürfen. Der falsche Baum (zur falschen Zeit) hat uns die Augen für eine Wahrheit geöffnet, die uns getötet hat. Erkenntnis über Gut und Böse produziert Stolz oder Scham. Beides trennt von Gott. In dem einem Fall widersteht Gott uns, nämlich wenn wir stolz sind (Selbstgerechtigkeit; die Überzeugung, alles selbst zu können und selbst gut sein; *vgl. 1. Petrus 5,5).* Im anderen verstecken wir selbst uns aus Scham (Selbstablehnung, weil wir es „wieder nicht geschafft haben“; Schuldgefühle). Und dieses Getrenntsein von Gott bedeutet Tod *(1. Mose 2,17 und Johannes 17,3).* Durch den neuen Bund müsste beides eigentlich keine Rolle mehr spielen.

Der neue Bund gehört von allen Dächern gerufen. Gott versöhnt euch durch seinen Sohn mit sich selbst *(vgl. 2. Korinther 5,20).* Wer dies glaubt, wird gerecht *(vgl. Römer 3,22–24).* Weil wir nun gerecht sind und nichts zwischen uns und Gott steht, können wir zu ihm kommen. Ohne schlechtes Gewissen, oft und fröhlich. Weil wir ihm begegnen, werden wir immer mehr verändert werden und letztlich sein wie unser Vater im Himmel. Also nochmal: *nicht sich verändern, um zu kommen, sondern kommen, um verändert zu werden.*

Der Hebräerbrief legt uns dies alles theologisch aus, und es lohnt sich, diesen Brief zu lesen und zu studieren. Ich zitiere nur zwei Passagen, weil sie das eben Gesagte noch einmal wunderbar unterstreichen:

„Weil wir denn nun, Brüder und Schwestern, durch das Blut Jesu den Freimut haben zum Eingang in das Heiligtum, den er uns eröffnet hat als neuen und lebendigen Weg durch den Vorhang, das ist: durch sein Fleisch, und haben einen Hohenpriester über das Haus Gottes, so lasst uns hinzutreten mit wahrhaftigem Herzen in der Fülle des Glaubens, besprengt in unsern Herzen und los von dem bösen Gewissen und gewaschen am Leib mit reinem Wasser" (Hebräer 10,19–22; LU).

„Darum lasst uns freimütig hinzutreten zu dem Thron der Gnade, auf dass wir Barmherzigkeit empfangen und Gnade finden und so Hilfe erfahren zur rechten Zeit" (Hebräer 4,16; LU).

Ich möchte am liebsten alles unterstreichen und es jedem zurufen. Was für eine fantastische Botschaft! Ich bin erkauft und geliebt, mein Herz ist darin so gewiss, dass ich viel und gerne mit meinem Gott zusammen bin. Und er, sein Wesen und seine Leidenschaften, färben ganz natürlich auf mich ab. *„Schlechter Umgang verdirbt gute Sitten" (1. Korinther 15,33)*, aber genauso stimmt auch das Gegenteil: Guter Umgang vertreibt schlechte Sitten!

So ist es mir ergangen. Nachdem ich erlebt hatte, dass ich inmitten meiner Kämpfe immer noch geliebt bin, konnte ich mich Gott mit einer neuen Leichtigkeit nahen. Nach wenigen Wochen, in denen ich auf diese neue Art und Weise mit Gott lebte, geschah Erstaunliches.

Anstatt mich wie die Jahre zuvor auf die Dinge zu freuen, die mich schon so lange im Griff hatten, wuchs in mir eine tiefgründige Abneigung gegen sie heran. Ich rede hier nicht von einem schlechten Gewissen und diesem Gefühl, dass man diesen oder jenen Punkt doch endlich ändern müsste, sondern innerlich erstarkte eine neue Sehnsucht in mir. Der Gedanke daran, mich zu berauschen oder in Fantasien oder Bildern zu verlieren, stieß mich mehr und mehr ab. Ich erlebte, was es bedeutet, wenn *„(es) Gott ist, der in euch wirkt beides, das Wollen und das Vollbringen, nach seinem Wohlgefallen“ (Philipper 2,13; LU).*

Manchmal beschreibe ich es so, dass ich nicht mehr nur übergeordnet wollte, was Gott will, sondern begann, in ganz konkreten Situationen zu fühlen wie er. Es war nicht mehr eine Sehnsucht nach „Sündigem“, der ich widerstehen musste, sondern ich wollte das, was er wollte, und das, was ihn nicht lockte, lockte auch mich nicht mehr. Dies ist der entscheidende Punkt. Mein Inneres hatte sich verändert.

Klare Aufgabenteilung: Wir schauen, er verwandelt

Im 2. Korintherbrief sehen wir die Aufgabenteilung zwischen uns und dem Heiligen Geistes exzellent beschrieben:

„Wir alle aber schauen mit aufgedecktem Angesicht die Herrlichkeit des Herrn an und werden so verwandelt in dasselbe Bild von Herrlichkeit zu Herrlichkeit, wie es vom Herrn, dem Geist, geschieht“ (2. Korinther 3,18; ELB).

Unsere Aufgabe ist es, den Herrn zu betrachten, ihn anzuschauen. Die Aufgabe des Heiligen Geistes ist es, uns dann in sein Bild zu verwandeln. Ist es nicht passend, dass hier das griechische Wort

„μεταμορφωσις“ verwendet wird, das zu Deutsch Metamorphose heißt? Ein Begriff, den wir hauptsächlich aus der Tierwelt kennen, wenn zum Beispiel aus einer Raupe ein Schmetterling wird. Es ist die Aufgabe, das Vorrecht und die Freude des Heiligen Geistes, uns immer mehr in das Bild Jesu zu verwandeln.

Michelangelo, Universalgelehrter, der in den drei großen Künsten der damaligen Zeit (Bildhauerei, Malerei, Architektur) wirkte, wird folgendes Zitat zugeschrieben: *„In jedem Marmorblock sehe ich eine Statue so klar, als ob sie vor mir stünde, geformt und perfekt in ihrer Haltung und Handlung. Ich muss nur die groben Mauern wegschlagen, die die schöne Erscheinung einsperren, um sie den anderen zu zeigen, wie meine Augen sie sehen.“*[2]

Der universalste Künstler alle Zeiten, das größte Genie aller Genies, der Heilige Geist, hat das Bild klar vor Augen: Jesus, *„[…] hervorragend unter Zehntausenden“ (Hohelied 5,10; ELB) und „[…] der Schönste unter den Menschenkindern“ (Psalm 45,3; LU).*

Seine Aufgabe ist es, alles an uns zu entfernen und aufzulösen, was das Bild von Jesus entstellt, und alles herauszuarbeiten und in den Vordergrund zu stellen, was ihm, dem Wundervollen, entspricht. Es versteht sich von selbst, dass wir hier nicht in erster Linie von Äußerlichkeiten reden. Die Schönheit Jesu wird vor allen Dingen an seinem Charakter, seiner vollkommenen Liebe, seinem Mut und seiner Demut, seiner Reinheit und seiner Leidenschaft, seinem Feuer und Frieden, seiner Freude und Klarheit und vielem mehr erkennbar. In allem sollen wir werden wie unser Meister. Die Vortrefflichkeit Jesu soll an und in uns gesehen werden.

2 https://www.daskreativeuniversum.de/23-michelangelo-zitate/

Das Problem an dieser Aufgabenteilung liegt nicht auf der Seite des Heiligen Geistes. Er steht bereit und weiß genau, was er zu tun hat. Es liegt an uns und dem ausführlich beschriebenen Dilemma (Scham), weshalb wir *„die Herrlichkeit des Herrn nicht mit aufgedecktem Angesicht anschauen"*. Wenn wir allerdings wirklich begriffen haben, dass wir mit Zuversicht zu Gott kommen dürfen und nichts verstecken müssen *(vgl. Hebräer 10,19–22)*, dann steht dem „Anschauen" nichts mehr im Weg und der Heilige Geist kann seinen Anteil tun.

Ihn anschauen

An dieser Stelle möchte ich nur stichwortartig beschreiben, wie dieses *„ihn anschauen"* praktisch aussehen kann.

Anbetung: Lieder singen, Jesu Charakter in Worten und Melodien beschreiben und anbeten ist „ihn anschauen"!

Wort meditieren: Wenn ich Gott mit Liedern anbeten möchte, muss ich wissen, wie er ist. Jesus ist das fleischgewordene Wort *(vgl. Johannes 1,14)* und die ganze Schrift zeugt von ihm *(vgl. Johannes 5,39)*. Wenn ich sein Wort lese, auswendig lerne, meditiere, dann „schaue ich ihn an".

Gegenwart und Stille: Wer seine Beziehung mit Gott pflegt, wird erleben, wie seine Gegenwart sich „lagert und manifestiert" – oder anders ausgedrückt: Man kann es körperlich und emotional fühlen (z. B. durch Frieden, Geborgenheit, Freude, Wärme etc.), dass der Heilige Geist gerade jetzt da ist und wirkt. In dieser Atmosphäre still zu werden und ihn mit dem inneren Auge zu betrachten ist „ihn anschauen". Dazu gehört auch, dass man in dieser Stille hört, was Gott zu sagen hat. Dies ist ein Aspekt, den Paulus „Gemeinschaft des Heiligen Geistes" *(2. Korinther 13,13)* nennt.

Wer so lebt, diese Dinge zu einer Priorität macht und sich durch Scham nicht abhalten lässt, weil er oder sie in der Liebe Gottes ruht, wird erleben, wie der Heilige Geist tiefgreifende Verwandlung ermöglicht. In meinem Fall vergingen wenige Wochen und ich war frei von Drogen, Zigaretten und Unreinheit. Es war für mich fast nicht zu glauben, dass nach Jahren der Gefangenschaft eine so tiefgreifende Freiheit möglich war. Nicht eine Freiheit, die ich mühevoll verteidigen musste, sondern eine geschenkte Freiheit, gewirkt durch den Heiligen Geist.

Das Wort aus 2. Korinther 3,17: *„Der Herr ist der Geist; wo aber der Geist des Herrn ist, da ist Freiheit" (LU)*, bewahrheitete sich in meinem Leben, aber ebenfalls folgende Aussage: *„Wer sich aber rühmt, der rühme sich des Herrn" (2. Korinther 10,17)*. Es war nicht meine Stärke, meine Disziplin oder gar meine Entschiedenheit, die mich freigemacht hatte, sondern das Wort Gottes hatte sich als wahrhaftig erwiesen: *„Wir alle aber schauen mit aufgedecktem Angesicht die Herrlichkeit des Herrn an und werden so verwandelt in dasselbe Bild von Herrlichkeit zu Herrlichkeit, wie es vom Herrn, dem Geist, geschieht" (2. Korinther 3,18; ELB).*

Der Heilige Geist ist ein Geist, der Gerechtigkeit und Heiligkeit bewirkt. Das durfte ich zutiefst erkennen und erleben.

2.4. Das Leben ist schön!

Damit kommen wir zurück zur Eingangsfrage dieses Abschnittes. Ich hatte beschrieben, dass ich mir kaum vorstellen konnte, dass ein heiliges (gerechtes) Leben, ein Leben ohne Exzesse, ein fröhliches Leben, ein Leben voller Freude sein könnte. Und das, obwohl Paulus es uns ja schriftlich überliefert hat *(vgl. Römer 14,17 und Philipper 4,4)* und wir es bei Jesus sehen. Wir erinnern uns, dass beide uns ebenfalls von ihren Herausforderungen und Kämpfen berichten haben und uns vorwarnen, dass dies bei uns nicht anders sein wird.

Heute, viele Jahre später, kann ich es aus erster Hand bestätigen: Ein gottgefälliges Leben ist ein fröhliches Leben. Ein Vers hat es mir dabei besonders angetan. Von Jesus heißt es: *„Du liebst Gerechtigkeit und hassest Frevel; darum hat dich Gott, dein Gott, gesalbt mit Freudenöl wie keinen deiner Gefährten" (Psalm 45,8; LU).*

Jesus hatte sein Innerstes auf die Wege Gottes ausgerichtet und sich entschieden, nicht aus den minderwertigen, scheinbaren Freuden dieser Welt heraus zu leben. Die Elberfelder Bibel übersetzt: *„Gerechtigkeit hast du geliebt und Gottlosigkeit gehasst".* Gottlosigkeit gehasst! Aus diesem Grund, als Belohnung, aber auch als notwendigen Ersatz hat Gott-Vater ihm eine besondere Freude geschenkt. Was die Welt versucht, krampfhaft zu finden, im Erfolg, auf Reisen, im Exzess, in Beziehungen und an vielen anderen Stellen, schenkt Gott seinen Kindern von innen heraus durch den Heiligen Geist.

Es ist also wahr: Ein Leben auf den Wegen Gottes, inmitten von unterschiedlichsten Herausforderungen, egal, ob sie von innen heraus kommen oder ob es Konflikte im außen sind, ist ein Leben gekennzeichnet von *„Gerechtigkeit und Friede und Freude im Heiligen Geist" (Römer 14,17).*

Wie viel mehr versteht man also, dass es den Jüngern schwer ums Herz wurde, als sie hörten, dass dieser fröhliche Gefährte sie verlassen sollte.

3. DER HEILIGE GEIST SCHENKT INSIDER-INFORMATIONEN

3.1. Geleakt– unvorstellbares Geheimwissen!

In den letzten Jahren hört man vermehrt von Menschen, die Insider-Informationen nach außen tragen und aus verschiedensten Gründen veröffentlichen. Man denke nur an die unterschiedlichen Geheimdienstdokumente, die aus den USA „geleakt“ wurden, und welche Brisanz und Dynamik diese Nachrichten ausgelöst haben. Aber auch im Bereich der Klatschpresse können wir Woche für Woche neueste Details aus Königshäusern, Promifamilien und Luxusresorts erfahren. Wie viele Millionen die Menschen doch ausgeben, um ihre Neugierde über die Schönen und Reichen zu stillen!

Diese Glamourwelt macht etwas mit uns. Diese scheinbar Unsterblichen, in einer anderen Realität lebenden Menschen haben es uns angetan. Wir gieren nach Details, Skandalen oder Neuigkeiten über Verlobungen, Hochzeiten oder Schwangerschaften, aber genauso über Scheidungen, Trennungen und Affären. Wir wollen uns ein wenig so fühlen, als hätten auch wir etwas mit ihnen zu tun. Immerhin wissen wir ja Bescheid, fast so, als ob wir Teil der Familie wären oder Freunde des Hauses. Was wir dabei vergessen, ist, dass wir nur Leser einer meist billigen Zeitschrift mit häufig noch billigeren und alles andere als gut recherchierten Nachrichten sind.

Umso verwunderlicher ist es, dass die folgenden Worte von Jesus uns nicht vor Freude förmlich ausrasten lassen: *„Ich habe euch noch viel zu sagen; aber ihr könnt es jetzt nicht ertragen. Wenn aber jener kommt, der Geist der Wahrheit, wird er euch in aller Wahrheit leiten. Denn er wird nicht aus sich selber reden; sondern was er hören wird, das wird er reden, und was zukünftig ist, wird er euch verkündigen. Er wird mich verherrlichen; denn von dem Meinen wird er's nehmen und euch verkündigen. Alles, was der Vater hat, das ist mein. Darum habe ich gesagt: Er nimmt es von dem Meinen und wird es euch verkündigen" (Johannes 16,12–15; LU).*

Der Heilige Geist wird uns Informationen aus dem innersten Kreis der Gottheit zukommen lassen. Er wird in der himmlischen Welt Dinge hören und sie uns verraten. Und all das ist nicht illegal, sondern von Gott genau so erwünscht.

„Was kein Auge gesehen hat und kein Ohr gehört hat und in keines Menschen Herz gekommen ist, was Gott bereitet hat denen, die ihn lieben. Uns aber hat es Gott offenbart durch den Geist; denn der Geist erforscht alle Dinge, auch die Tiefen Gottes. Denn welcher Mensch weiß, was im Menschen ist, als allein der Geist des Menschen, der in ihm ist? So weiß auch niemand, was in Gott ist, als allein der Geist Gottes. Wir aber haben nicht empfangen den Geist der Welt, sondern den Geist aus Gott, damit wir wissen, was uns von Gott geschenkt ist. Und davon reden wir auch nicht mit Worten, welche menschliche Weisheit lehren kann, sondern mit Worten, die der Geist lehrt, und deuten geistliche Dinge für geistliche Menschen" (1. Korinther 2,9–13; LU).

Gott hat Dinge vorbereitet für diejenigen, die ihn lieben. Also für dich und für mich. Und Gott möchte, dass wir Bescheid darüber wissen, was er uns geschenkt hat. Aus diesem Grund gibt er uns seinen Heiligen Geist, der alle Dinge erforscht, auch die Tiefen von seinem Vaterherz.

Hallo? Begreifen wir das? Alles an diesen Aussagen ist fantastisch! Wir bekommen einen persönlichen Coach und Beauftragten, der uns all unsere Möglichkeiten aufzeigen und erklären soll.

Ich weiß nicht, ob ihr das Gefühl kennt. Manchmal bei neuen technischen Geräten oder im Urlaub in einer Hotel- oder Ferienanlage habe ich das tiefe Bedürfnis, alles, wofür ich bezahlt habe, zu entdecken und auszuprobieren. Ich möchte nicht im Anschluss hören, dass es da noch diese besondere Rutsche gab oder die Regenwaldsauna mit tropischem Niederschlag. Ich will alles wissen, alles ausprobieren und alles genießen. Genauso gilt es für das neue Gerät. All die Neuerungen an Hardware und Software und alle neuen Möglichkeiten möchte ich kennenlernen und verstehen. Und wie sehr ich es liebe, wenn schon jemand Bescheid weiß und mir das einfach alles zeigt und erklärt – und zwar gerne! So ist der Heilige Geist!

Die Voraussetzung dafür ist die andere großartige Nachricht: Es muss auch etwas Besonderes, Außergewöhnliches geben, was deinen Verstand, dein Wissen und deine Fantasie übersteigt, damit es dir erst jemand offenbaren und erklären muss. Und das gibt es! Oder besser gesagt, *den* gibt es. Es ist die Freude unseres Vaters, Dinge vorzubereiten und uns zu schenken, von denen es heißt: „*Was kein Auge gesehen hat und kein Ohr gehört hat und in keines Menschen Herz gekommen ist, was Gott bereitet hat denen, die ihn lieben.*“ Atemberaubend, mind blowing! Überwältigend! Kaum zu fassen!

Wenn ich das lese, kann ich verstehen, dass Jesus sagt: *„Aber ich sage euch die Wahrheit: Es ist gut für euch, dass ich weggehe. Denn wenn ich nicht weggehe, kommt der Tröster nicht zu euch. Wenn ich aber gehe, werde ich ihn zu euch senden“ (Johannes 16,7; LU).*

Das Leben ist so komplex, die Welt wird sich in den Jahren nach Jesus so rasant und tiefgreifend immer weiter und immer schneller verändern, dass es Sinn macht, wenn Jesus sagt: *„Ich habe euch noch viel zu sagen; aber ihr könnt es jetzt nicht ertragen […]“ (Johannes 16,12; LU).* Es wird so viele Fragen, Nöte und besondere Situationen geben, wo Rat und Hilfe notwendig sein werden, da ist es einleuchtet, dass er auf das Kommen des „Geistes der Wahrheit“ verweist, der uns *„in aller Wahrheit leiten wird“ (V. 13; LU).* Auch die Jünger werden sich in den Tagen, Wochen und Monaten persönlich weiterentwickeln und ihr Dienst- und Einflussbereich wird wachsen, sodass manche Fragen sich erst noch stellen werden. Ich kenne es selbst aus verschiedenen Lehrszenarien im Rahmen der Leiterschaftsentwicklung, dass man manchmal Antworten auf Fragen und Nöte gibt, die den Zuhörern noch gar nicht als solche präsent sind.

Die Themen, über die der Heilige Geist mit uns sprechen möchte, und die Bereiche, zu denen er etwas zu sagen hat, sind so vielfältig wie das Leben selbst. Ich möchte an dieser Stelle nur einige Beispiele geben, wie es konkret aussieht, wenn der Heilige Geist uns in alle Wahrheit führt, uns Zukünftiges zeigt oder uns mit Offenbarungen aus dem Herzen Gottes überrascht.

3.2. Konkrete Insider-Informationen – Beispiel Leiterschaft und Strukturen

Als apostolische Person liebe ich Visionen, Projekte, Strukturen, Wachstum und große Dynamik. Von dem Tag an, als ich Jesus erlebt und dann in seinem Wort gelesen hatte, was unsere Aufgabe ist: Kranke heilen, Dämonen austreiben, Tote auferwecken, Aussätzige reinigen und der ganzen Welt erzählen, dass seine Welt zum Greifen nah ist (u. a. nach Matthäus 10,7-8), brennt in mir die Frage, wie das konkret aussehen kann. Wie kann das geschehen, wie kann unser Land, unsere Stadt echte Erweckung erleben?

Je nach persönlicher Berufung bekomme ich unterschiedliche Antworten zugerufen: „Wir müssen einfach Leute mobilisieren und evangelistisch tätig sein, der Heilige Geist ist doch da!", „Wenn wir echte Liebe und Einheit unter uns haben, muss Gott das segnen und wir werden Erweckung erleben!", „Wenn wir gute Lehre und feste Speise vorbereiten, sodass Menschen gut wachsen können, dann kann der Herr guten Gewissens neue Menschen zu uns senden, da sie hier gesund wachsen werden!" Es gibt so viele unterschiedliche Antworten und vor allem so viele unterschiedliche Schwerpunkte, wie der Herr Menschen erschaffen und sie mit besonderen Gaben ausgestattet hat. Das ist ein Schatz und manchmal auch „ein Kreuz", das es gemeinsam zu tragen gilt.

Ich kann mir bildhaft vorstellen, wie die Jünger miteinander diskutierten und Antworten suchten. Nicht nur im Kontext der konkreten Erfüllung des Auftrages, sondern es ging ja insgesamt dynamisch weiter, nachdem Jesus in den Himmel aufgefahren war nach seiner Kreuzigung. Wenn wir etwas Zeit überspringen, sehen wir, dass Abertausende zum Glauben kamen, erst in Jerusalem, dann im Umland und schließlich in der gesamten damals bekannten Welt und ihren Metropolen. Neue Fragen entstanden. Leitungsfragen – wer sollte die Gemeinden leiten, wie konnte das aussehen? Die Arbeit wurde immer mehr, wer hatte was zu tun und was zu lassen? Mehr Menschen, mehr Konflikte. Wie ging man damit um? Es kamen Juden zum Glauben, aber dann auch Nichtjuden. Sie kamen aus ganz unterschiedlichen Hintergründen, was war jetzt wichtig und was nicht? Was hatte sich überlebt und was war brandaktuell? Musste ein Nichtjude jüdisch leben? Waren jüdische Rituale überhaupt noch wichtig – oder sogar richtig oder doch gesetzlich? Fragen über Fragen. Ein Handbuch für Gemeindegründer hatten sie damals noch nicht. Und auch in ihren Mitschriften aus dem Theorieunterricht bei Jesus gab es tatsächlich kein Kapitel, das sich mit diesen Fragen beschäftigte. Hatte er das etwa vergessen, wusste er nicht, was kommen sollte?

So oder so ähnlich stelle ich mir die Jünger damals vor. Und täuschen wir uns nicht: Natürlich wissen wir heute mehr und können viele dieser eben genannten Fragen leichter beantworten, da uns das Neue Testament ihre damaligen Gedanken zu diesen Fragen und Entscheidungen überliefert und uns somit Richtung und Weisung gibt. Aber es gibt heute so viele neue Fragen, es gab zu jeder Zeit so viele neue Fragen und es wird immer so viele neue Fragen geben.

Mein Ziel an dieser Stelle ist es deshalb nicht, Antworten auf die eben genannten Herausforderungen zu formulieren oder die heutigen Fragen zu debattieren, sondern auf die ultimative Antwort auf alle Fragen hinzuweisen, auf den Kompass, der uns sicher hindurchführt.

In Apostelgeschichte 15 lesen wir von einem Apostelkonzil, einem Treffen also, an welchem die damaligen Leiter der Gemeinde(n) über genau solche Fragen diskutierten. Aber noch viel mehr suchten sie Gott, um Antworten und Weisung zu bekommen. Ich denke, der Satz: *„Ich habe euch noch viel zu sagen; aber ihr könnt es jetzt nicht ertragen. Wenn aber jener kommt, der Geist der Wahrheit, wird er euch in aller Wahrheit leiten" (Johannes 16,12–13; LU),* macht absolut Sinn, wenn wir dieses Szenario betrachten.

Losgelöst von den konkreten Antworten, die sie in jenen Tagen gefunden haben, möchte ich folgenden Satz herausheben, weil er die wunderbare Dynamik unserer Partnerschaft mit dem Heiligen Geist aufzeigt. Nachdem sie viel gesprochen und bestimmt auch gebetet hatten, kommen sie zu ihren Entscheidungen und lassen diese sowohl mündlich als auch schriftlich bekanntmachen. Wir lesen: *„Denn es hat dem Heiligen Geist und uns gut geschienen, keine größere Last auf euch zu legen als diese notwendigen Stücke" (Apostelgeschichte 15,28; ELB).* Sie haben eine Meinung und der Heilige Geist auch. Der Heilige Geist wird als konkrete Person mit konkreten Gedanken wahrgenommen, die man mitbekommen kann. „Wir fanden es gut und vor allem ER fand es gut, also werden wir es so und so machen!"

Das heißt für uns heute, die wir Leitungsverantwortung haben in Gemeinde, Familie und Gesellschaft, wir können davon ausgehen, dass der Heilige Geist Gedanken zu unseren offenen Fragen hat, die er gerne mit uns teilt. Der Heilige Geist hat eine Meinung zu Bereichsentwicklung, Change Management, Strukturoptimierung, Digitalisierung, Auflösen von Behördenstaus, Infrastrukturprojekte,

Familienaufbau und er kennt die sozialen Brennpunkte unserer Nachbarschaft.

Beziehen wir ihn also aktiv in unsere Beratungen mit ein!

3.3. Der Heilige Geist als „Zukunftsvorhersager"

Ein anderer Schwerpunkt, den Jesus hier setzt, ist, dass *„er (...) nicht aus sich selber reden (wird); sondern was er hören wird, das wird er reden, und was zukünftig ist, wird er euch verkündigen" (Johannes 16,13).*

Wer möchte nicht die Zukunft wissen? Auch hier könnte man einmal mehr über die Millionen sprechen, die ausgegeben werden, um zu wissen, was morgen geschieht. Ganz gleich, ob das die Kristallkugel auf dem Jahrmarkt ist oder die Tarotkarten bei der esoterischen Freundin – die Menschen scheinen bereit, alle möglichen Mittel zu nutzen, um etwas über die Zukunft zu erfahren – von teuer bezahlten sogenannten spirituellen Medien (Menschen mit einer besonderen, übernatürlichen, aber okkulten Mittlerfunktionen), die mit der unsichtbaren Welt in Kontakt stehen und Topmanagern dienen (der Eindeutigkeit halber: sie tun das nicht mit göttlichen, guten Kräften) ganz zu schweigen.

Dann gibt es aber auch noch die eher intellektuelle Herangehensweise der Trendanalytiker, die Megatrends finden und definieren, und ihre Unterstützer: Wirtschaftsweise, Gesellschafts- und Sozialwissenschaftler, Ökonomen und Ökologen oder wie sie alle heißen. Alle wollen sie wissen, was morgen kommt, damit wir uns darauf vorbereiten können und/oder Unheil vielleicht abwenden können, wenn wir rechtzeitig gegensteuern.

Wer den Heiligen Geist kennt, ist klar im Vorteil. Nicht nur, dass er genau Bescheid weiß, was *wirklich* sein wird, er weiß auch, wie darauf zu reagieren ist. Man denke an dieser Stelle nur an die Hungersnot in Ägypten und wie Gott Josef präzise Weisung gibt, was zur Rettung der gesamten Region zu tun ist. Wer die Geschichte nicht kennt oder nicht mehr vor Augen hat, lese einmal im 1. Buch Mose die Kapitel 37–46 oder zumindest Kapitel 41.

Aber auch in unserer Zeit hat der Heilige Geist schon Großes vorherhersagt für ein ganzes Volk: Am 09. November 1989 saß ich als fast siebenjähriger Junge vor dem Fernseher und hörte meine Mutter sagen: „Schau gut zu, was dort gerade in Berlin passiert, das ist historisch!" Dieser Abend prägte sich mir ein und seither hatte Berlin eine besondere Anziehungskraft auf mich. Womöglich war es meine erste „prophetische Ahnung", dass diese Stadt später einmal eine besondere Rolle für mich spielen würde.

Eine geistliche Tragweite hatte dieser Tag in jedem Fall: An jenem Novemberabend fiel die Berliner Mauer – und dieses Ereignis wurde schon Jahre zuvor von verschiedensten gläubigen Männern und Frauen vorhergesagt! Für viele war es unvorstellbar, aber immer wieder ermutigte der Heilige Geist sein Volk in Deutschland, am Glauben an die Wiedervereinigung festzuhalten und ihm in dieser Angelegenheit zu vertrauen. Nun war der Tag gekommen. Es gibt gewiss viele Gründe, weshalb Gott uns Zukünftiges verrät. Ich nenne hier nur ein paar. Zum einen möchte Gott uns wie einen Freund in seine Absichten mithineinnehmen, so wie wir es bei Abraham lesen.

„Da sprach der HERR: Wie könnte ich Abraham verbergen, was ich tun will [...]?" *(1. Mose 18,17).*

Ein anderer Grund ist, dass wir als Könige und Priester *(vgl. 1. Petrus 2,9)* hier auf Erden mit seinem Willen übereinstimmen und beten sollen, dass er geschieht und zwar „wie im Himmel so auf Erden" *(vgl. Matthäus 6,10).* Von daher ist es nur sinnvoll, diesen Willen auch zu kennen. Ein dritter Grund besteht darin, dass wir uns so auf das Kommende strategisch gut vorbereiten können.

Ein Bekannter erzählte uns, wie Gott ihn bei der Suche nach einer Immobilie für sein Geschäft in eine Westberliner Sackgasse führte. Warum sollte er hier am Ende der Stadt seinen Laden eröffnen? Doch er tat, was der Herr ihm sagte. Etwas später fiel die Berliner Mauer und sein Laden lag nun im Zentrum des wiedervereinigten Berlins. Wie gut, dass der Heilige Geist Bescheid wusste (und weiß). Ich persönlich fühle mich dadurch herausgefordert und drücke das dem Heiligen Geist beständig aus. Ich möchte abhängig von ihm sein, ich möchte seinen Rat hören und nicht zuerst aus meinem vermeintlichen Wissen oder meiner Erfahrung heraus leben. Und wenn er mir etwas sagt, dann möchte ich das tun, egal, ob es in diesem Moment für mich Sinn macht oder nicht. Ich will darauf vertrauen, dass der Heilige Geist weiß, was die Zukunft bringt, und dass sein Rat deshalb so viel weiser ist als alles, was ich mir an Plänen zurechtschustern könnte.

Gottes Weisheit, seine Einsicht ist keine weltlich erworbene, keine durch Erfahrung gewachsene. Sie ist übernatürlich, göttlich, aus einer anderen Welt stammend. Und sie gewinnt immer!

Paulus schreibt über die Weisheit im Kontext von Gottes Entscheidung, wie er die Menschen retten wollte. Gott hat das Kreuz gewählt.

Für schlaue Menschen zu oft ein Affront. Zu einfach, zu simpel, fast zu banal.

„Denn das Wort vom Kreuz ist eine Torheit denen, die verloren werden; uns aber, die wir selig werden, ist es Gottes Kraft. Denn es steht geschrieben: ‚Ich will zunichtemachen die Weisheit der Weisen, und den Verstand der Verständigen will ich verwerfen'" (1. Korinther 1,18-19; LU).

Dieses Prinzip, dass Gottes Wege manchmal töricht, naiv, weltfremd erscheinen, wird sich nicht auflösen. Wenn wir im nächsten Abschnitt dieses Buches über ein Leben in der übernatürlichen Kraft des Heiligen Geistes lesen, werden wir uns mit dieser Wahrheit versöhnen müssen, oder aber wir verpassen, was Gott für uns vorbereitet hat bzw. durch uns tun möchte.

Damit kommen wir nun zum zweiten großen Teil dieses Buches. Wir haben betrachtet, wie der Heilige Geist ist und wer er für uns sein möchte: Ein Helfer, Anwalt, Tröster, Beistand, jemand, der uns nie verlässt, der uns in die Wahrheit führt und noch so vieles mehr.

Der Heilige Geist ist aber auch derjenige, der uns gebrauchen möchte, um dieser Welt zu zeigen, wie real Jesus ist. Er möchte, dass Menschen durch uns Jesus kennenlernen und mit seiner übernatürlichen Kraft in Kontakt kommen. Er möchte durch uns Kranke heilen, Wunder wirken und Menschen durch übernatürliche Informationen ermutigen, stärken und manchmal auch warnen.

Wie das möglich ist und wie wir so ein Leben leben können, darum soll es jetzt gehen.

TEIL 2

HEILIGE GEIST, DER

GRÖSSTER WUNDERWIRKER

Ich lehrte in einer Gruppe von jungen Menschen über die Gaben des Heiligen Geistes und wie wir sie ganz praktisch im Alltag anwenden können. Es war eine wunderbare Zeit und die Gegenwart Gottes war spürbar da. Ich erzählte über Heilungen, die ich selbst schon erlebt hatte. Während ich sprach, begann eine junge Frau lautstark zu schluchzen. Alle drehten sich zu ihr, um zu sehen, was geschehen war. Was ich nicht wusste, war, dass sie eine leidenschaftliche, semi-professionelle Tänzerin war, die aufgrund eines Knorpelschadens ihrer Berufung nicht mehr nachgehen konnte. Sie hatte alle möglichen Ärzte aufgesucht, aber nicht nur wurde ihr nicht geholfen, sie hatte sogar ein Medikament bekommen, das alles nur noch schlimmer machte. An ihrem Knie war eine regelrechte Mulde zu sehen. Als ich sie fragte, was passiert sei und warum sie denn weine, zeigte sie auf ihr Knie und bewegte es wild hin und her. Sie war komplett schmerzfrei. Sie erzählte uns, dass sie, während ich gesprochen hatte, plötzlich ein „Ploppen" in ihrem Knie gefühlt hatte. Augenblicklich war die Mulde verschwunden und sie spürte, dass in ihrem Knie etwas passiert war. Als sie es nun bewegte und das erste Mal nach langer Zeit schmerzfrei war, wusste sie mit Sicherheit, dass sie geheilt worden war. Der Jubel war groß und plötzlich wurde für die Gruppe aus der Theorie Praxis.

In einem ähnlichen Trainingskontext streckte ein Mann seine beiden Arme aus. Der eine war durch einen Bruch falsch zusammengewachsen und ließ sich seit Jahren nicht mehr ganz ausstrecken. Vor unseren Augen verschwand die Krümmung und fortan war der Arm wieder gerade wie vor dem Unfall.

Das sind nur zwei von vielen Geschichten, in denen ich die Heilungskraft Gottes ganz real erlebt habe.

Zu Beginn dieses zweiten Abschnittes möchte ich mit brisanten Fragen starten: Kann so etwas jeder erleben? Wenn ja, warum geschieht es dann nicht? Wer „hat den Heiligen Geist" und gibt es Unterschiede zwischen geisterfüllten und weniger geisterfüllten Christen? Wenn ja, welche? Hierbei geht es mir nicht um die letzten theologischen Finessen, sondern darum, dass wir eine gemeinsame Ausgangslage bekommen, von welcher aus wir die nächsten Themen betrachten können.

4. DER HEILIGE GEIST IN UNS

4.1. Der Heilige Geist in jedem wiedergeborenen Christ

Jeder wiedergeborene Christ hat den Heiligen Geist. Das ist doch erstmal eine sehr gute Nachricht, oder? Egal, ob er Baptist, Methodist, Mennonit, Pfingstler, Lutheraner oder Katholik ist. Wenn eine Person Jesus als ihren Herrn und Retter erkannt und akzeptiert hat, dann wird diese Person von Neuem geboren und dies geschieht durch den Heiligen Geist.

„Jesus antwortete und sprach zu ihm: Wahrlich, wahrlich, ich sage dir: Wenn jemand nicht von Neuem geboren wird, so kann er das Reich Gottes nicht sehen. Nikodemus spricht zu ihm: Wie kann ein Mensch geboren werden, wenn er alt ist? Kann er denn wieder in seiner Mutter Leib gehen und geboren werden? Jesus antwortete: Wahrlich, wahrlich, ich sage dir: Wenn jemand nicht geboren wird aus Wasser und Geist, so kann er nicht in das Reich Gottes kommen. Was aus dem Fleisch geboren ist, das ist Fleisch; und was aus dem Geist geboren ist, das ist Geist. Wundere dich nicht, dass ich dir gesagt habe: Ihr müsst von Neuem geboren werden" (Johannes 3,3–7; LU).

Mein Wunsch ist, dass dieses Buch auch von Menschen gelesen wird, die diese „Wiedergeburt" noch nicht erlebt haben. Viele, gerade ältere Menschen, sind vielleicht noch mit traditionellem Kirchgang groß geworden und kennen grob die biblischen Geschichten und christlichen Traditionen. Aber das macht niemanden zu einem Christen. Ein Christ ist jemand, der Christus aktiv nachfolgt. Jemand sagte einmal: *„Nur in einer Garage zu stehen, macht einen nicht zum Auto“.* Genauso wenig macht einen der regelmäßige Kirchgang zum Christen. Wohlgemerkt auch nicht die Tatsache, dass man als Kind getauft wurde und bis heute Kirchensteuer zahlt. Das rettet nicht und öffnet nicht die Tür ins ewige Leben. Um Gott im Hier und Jetzt zu erleben und um ewiges Leben zu empfangen, müssen wir von Neuem geboren werden, so haben wir es gerade gelesen.

Da stellt sich einem unmittelbar die Frage, wie man denn von Neuem geboren wird? Auch hier gibt uns die Bibel klare Hinweise:

„Denn wenn du mit deinem Munde bekennst, dass Jesus der Herr ist, und glaubst in deinem Herzen, dass ihn Gott von den Toten auferweckt hat, so wirst du gerettet. Denn wer mit dem Herzen glaubt, wird gerecht; und wer mit dem Munde bekennt, wird selig. Denn die Schrift spricht: ‚Wer an ihn glaubt, wird nicht zuschanden werden‘“ (Römer 10,9–11; LU).

Das ist eines der Dinge, die ich so sehr an Gott liebe. Es ist nicht kompliziert: „Wer im Herzen glaubt, dass Jesus für unsere Sünden gestorben und auferstanden ist, ihn zum Chef des eigenen Lebens macht und vor anderen auch dazu steht, der wird gerettet“, so lesen wir es. Vielleicht spürst du gerade die Wahrheit in diesen Zeilen und die Sehnsucht, mit Gott versöhnt zu sein. Dann steh dir nicht selbst im Weg! Folge deinem Herzen und erlaube nicht, dass Angst und Stolz dich stoppen. Schieb’ deine Bedenken beiseite – du kannst nur gewinnen.

Als Jesus gekreuzigt wurde, richtete man zwei Verbrecher mit ihm hin. Da hingen sie nun. Einer zu seiner Rechten und einer zu seiner Linken. Der eine sah den gefolterten, blutenden, verlassenen Jesus und forderte ihn heraus: *„Bist du nicht der Christus? Hilf dir selbst und uns! Da antwortete der andere, wies ihn zurecht und sprach: Fürchtest du nicht einmal Gott, der du doch in gleicher Verdammnis bist? Wir sind es zwar mit Recht, denn wir empfangen, was unsre Taten verdienen; dieser aber hat nichts Unrechtes getan" (Lukas 23,39–41; LU).*

Der eine betrachtet die Situation mit natürlichen Augen, *„Hilf dir und hilf uns!"* Der andere hingegen, in seiner ganzen Art demütig, bekommt übernatürliche Einsicht. Plötzlich wird ihm etwas klar, und dann geschieht das, was seine Zukunft für immer verändern sollte. Er, der Verbrecher, der nichts vorzuweisen hat vor einem heiligen, gerechten Gott, ruft aus ganzem Herzen: *„Jesus, gedenke an mich, wenn du in dein Reich kommst!" (V. 42).*

Und indem Jesus antwortet: *„Wahrlich, ich sage dir: Heute wirst du mit mir im Paradies sein" (V. 43)*, erfüllt er das Wort aus Römer 10,13: *„Denn jeder, der den Namen des Herrn anrufen wird, wird gerettet werden" (ELB).*

Dieser Verbrecher spürte etwas in seinem Herzen, hatte plötzlich Gewissheit und ließ sich von nichts abhalten. Er wollte gerettet werden. Tu es ihm gleich! Heute ist der perfekte Tag für Errettung. *„Darum, wie der Heilige Geist spricht: „Heute, wenn ihr seine Stimme hört, so verstockt eure Herzen nicht […]" (Hebräer 3,7; LU).*

Wer in dieser Art auf Gott reagiert, wird von Neuem geboren und empfängt den Heiligen Geist. So lesen wir in Apostelgeschichte 5,32, dass Gott denen den Heiligen Geist gibt, die ihm gehorchen und auf Gott reagieren.

Wir sehen, wie involviert der Heiligen Geist ist, wenn es um das Thema Wiedergeburt geht, und Paulus rundet das Ganze ab, wenn er schreibt: *„Und niemand kann sagen: Jesus ist der Herr, außer durch den Heiligen Geist" (1. Korinther 12,3).* Es erklärt sich von selbst, dass es hier nicht um den Satz an sich geht, sondern um die dahinterstehende Offenbarung und Einwilligung.

4.2. „Empfangt Heiligen Geist!"

Ich habe mich oft gefragt, wann der Zeitpunkt war, als die Jünger von Neuem geboren wurden. Indem sie alles verlassen hatten und Jesus vertrauensvoll gefolgt waren, war er gewiss ihr Herr geworden. Aber ihr Retter? „Rein rechtlich gesehen" war dies ja erst nach Tod und Auferstehung möglich. Eines Tages öffnete der Heilige Geist mir die Augen, nachdem ich in Johannes 20 folgende Begebenheit gelesen hatte:

„Als es nun Abend war an jenem Tag, dem ersten der Woche, und die Türen, wo die Jünger waren, aus Furcht vor den Juden verschlossen waren, kam Jesus und trat in die Mitte und spricht zu ihnen: Friede euch! Und als er dies gesagt hatte, zeigte er ihnen die Hände und die Seite. Da freuten sich die Jünger, als sie den Herrn sahen. Jesus sprach nun wieder zu ihnen: Friede euch! Wie der Vater mich ausgesandt hat, sende ich auch euch. Und als er dies gesagt hatte, hauchte er sie an und spricht zu ihnen: Empfangt Heiligen Geist!" (V. 19–22; ELB)

Mit der Kreuzigung hatten die Jünger gedacht, war alles vorbei. Alles nur ein naiver Traum von einer besseren Zukunft. Sie verstanden die Welt nicht mehr. Was war geschehen, dass ihr Hoffnungsträger nun tot war? Aus Furcht, so lesen wir, versteckten sie sich und plötzlich erschien der auferstandene Jesus mitten unter ihnen mit den Worten: „*Friede sei mit euch!*“, und dann zeigte er ihnen die Wundmale. Die Stellen an seinem Körper, die eindeutig bewiesen, dass er derjenige war, der am Kreuz gelitten hatte. Da freuten sie sich, als sie erkannten, dass es tatsächlich Jesus war, ihr Herr. Was hier de facto geschah, ist, dass sie im „*[...] Herzen (glaubten), dass ihn Gott von den Toten auferweckt hat [...]*“ *(Römer 10,9; LU).*

Nun war Jesus Herr und Retter für sie geworden. Die Voraussetzungen, um gerettet und von Neuem geboren zu werden, waren erfüllt. Folglich lesen wir: „*Und als er dies gesagt hatte, hauchte er sie an und spricht zu ihnen: Empfangt Heiligen Geist!*“ *(Johannes 20,22; ELB).*

Wir halten also fest:

Jeder wiedergeborene Christ hat den Heiligen Geist!

Um es einfacher zu machen, werde ich von nun an davon sprechen, dass jeder wiedergeborene Christ den Heiligen Geist in sich hat. Der Heilige Geist ist in und bei uns, um unseretwillen. Der größte Teil, den wir bisher in diesem Buch behandelt haben, spricht von diesem Schwerpunkt. Der Heilige Geist ist in uns, um unseretwillen – als Beistand, Helfer, Tröster und all das, was wir gemeinsam besprochen haben.

Doch es gibt noch eine weitere Dimension im Leben mit dem Heiligen Geist: Der Heilige Geist auf uns. Und das ist etwas, was noch nicht jeder wiedergeborene Christ erlebt hat.

Warum das so ist, was dies bedeutet und was seine Tätigkeit „auf uns“ von seinem Wirken „in uns“ unterschiedet, werde ich im nächsten Kapitel erklären.

5. DER HEILIGE GEIST AUF UNS

5.1. Übernatürliche Kraft empfangen – oder: die Taufe mit dem Heiligen Geist

Je nachdem, aus welchem Hintergrund du, liebe Leserin oder lieber Leser, stammst, bist du jetzt vielleicht neugierig, irritiert, gelassen, aufgebracht oder nichts dergleichen.

Meine Bitte ist, dass du mit offenem Herzen weiterliest und dich auf meine Gedanken einlässt. Stolpere nicht über Begriffe oder nebensächliche Details, sondern schau auf das große Ganze. Vor allem möchte ich dich aufrichtig fragen, ob die Kraft Gottes bisher schon erkennbar durch dein Leben tätig geworden ist?

Wenn nicht, soll dich das weder beschämen noch sollst du dich verurteilt oder gar als nicht vollwertiger Christ fühlen. Mein Anliegen ist es vielmehr, einen Hunger nach mehr in dir zu wecken. Denn da gibt es noch mehr – auch für dich. Überhaupt läge mir nichts ferner, als den Eindruck einer „Zwei-Klassen-Christenheit" entstehen zu lassen. Wenn du den Heiligen Geist noch nicht auf dir gespürt hast, bist du genauso wertvoll und geliebt und gerettet wie Christen, die schon solche übernatürlichen Erfahrungen gemacht haben. Aber mir geht es darum, allen Christen das gesamte „erstklassige" Potenzial eines Lebens mit dem Heiligen Geist aufzuzeigen. Denn es wäre absolut tragisch, dieses nicht auszukosten. Vielleicht ist also genau jetzt ein guter Moment, innezuhalten, dich neu für diese Thematik zu öffnen und den Herrn zu bitten, dich zu lehren.

Zuerst die Kerngedanken vorweg, bevor ich sie vom Wort Gottes her aufzeige:

- Der Heilige Geist ist in uns, um unseretwillen: Dies gilt für jeden wiedergeborenen Christen *(vgl. 1. Korinther 12,3)*.

- Der Heilige Geist ist auf uns um der anderen willen: Dies gilt nicht für alle wiedergeborenen Christen *(vgl. Lukas 24,49)*.

Im letzten Kapitel haben wir uns die Szene angeschaut, als die Jünger sich vor Furcht versteckten und schließlich wiedergeboren wurden und den Heiligen Geist empfingen. Der Evangelist Lukas berichtet auch von diesem Ereignis, allerdings fügt er ein Detail hinzu. Nachdem auch bei ihm die Jünger all das erlebten, was uns Johannes berichtet hat, lesen wir zusätzlich: *„So steht geschrieben, und so musste der Christus leiden und am dritten Tag auferstehen aus den Toten und in seinem Namen Buße zur Vergebung der Sünden gepredigt werden allen Nationen, anfangend von Jerusalem. Ihr seid Zeugen hiervon und siehe, ich sende die Verheißung meines Vaters auf euch. Ihr aber, bleibt in der Stadt, bis ihr bekleidet werdet mit Kraft aus der Höhe!" (Lukas 24,46–49; ELB).*

Mein Fokus liegt auf den letzten Worten. Sie sollen Zeugen der Auferstehung werden und deswegen wird er die *„Verheißung des Vaters"* auf sie senden. Sie sollen in Jerusalem warten, bis sie Kraft empfangen.

In der Apostelgeschichte, die übrigens auch von Lukas geschrieben wurde, die also quasi Lukas Teil II ist, lesen wir: *„Und als er mit ihnen beim Mahl war, befahl er ihnen, Jerusalem nicht zu verlassen, sondern zu warten auf die Verheißung des Vaters, die ihr – so sprach er – von mir gehört habt; denn Johannes hat mit Wasser getauft, ihr aber sollt mit dem Heiligen Geist getauft werden nicht lange nach diesen Tagen" (Apostelgeschichte 1,4–5; LU).*

Diesen Versen zufolge ist die *„Verheißung des Vaters"* die Taufe mit dem Heiligen Geist. Das wiederum ist gleichbedeutend mit *„bekleidet werde(n) mit Kraft aus der Höhe" (Lukas 24,49).*

Legt man also für einen Augenblick beide Berichte nebeneinander, dann sehen wir zwei konträr wirkende Aussagen. Bei Johannes lesen wir: *„Empfangt Heiligen Geist!" (Johannes 20,22).* Bei Lukas lesen wir sinngemäß: *„Wartet auf den Heiligen Geist!" (Lukas 24,49).*

Was denn nun? Haben sie ihn empfangen oder sollen sie noch auf ihn warten? Die Antwort ist für beide Fälle: Ja!

Die Jünger haben den Heiligen Geist durch die Wiedergeburt bereits „in sich" empfangen, um ihretwillen, jetzt sollen sie warten, bis der Heilige Geist „auf sie" kommt, um der anderen willen – was letztlich die Taufe im Heiligen Geist ist. Es handelt sich tatsächlich um zwei voneinander unabhängige Ereignisse, wie wir auch gleich noch in weiteren Berichten sehen werden. Jeder wiedergeborene Christ hat den Heiligen Geist in sich, aber nicht jeder hat schon die Taufe im Heiligen Geist erlebt. Nicht jeder wurde mit Kraft aus der Höhe bekleidet, nicht jeder hat diese Verheißung des Vaters empfangen.

Um jeglichen Missverständnissen vorzubeugen, sage ich es noch einmal: Die Taufe im Heiligen Geist macht uns nicht besser, nicht wertvoller oder geliebter, noch hat sie etwas mit unserer Errettung zu tun. Sie macht uns einzig effektiver im Bau von Gottes Reich, da sie uns zu einem Leben mit Zeichen und Wundern und den übernatürlichen Gaben des Geistes befähigt. Gleichzeitig gehört es für mich aber auch zur Wahrheit, dass ich es als unangemessen empfinde, wenn wir etwas ablehnen oder ignorieren, was Gott uns anbietet und was er als notwendig erachtet. Immerhin lesen wir in Apostelgeschichte 1,4 nicht, dass er ihnen „vorschlug", in Jerusalem zu warten, oder dass er ihnen „einen guten Tipp gab", sondern *„(er befahl) ihnen, Jerusalem nicht zu verlassen, sondern zu warten auf die Verheißung des Vaters, die ihr (…) von mir gehört habt" (LU).*

Wäre ich Vorgesetzter und würde meinem Angestellten eine Kettensäge bereitstellen, damit das Fällen der Bäume schneller und effizienter geschieht, würde ich mich bestenfalls sehr wundern, warum er mein Angebot ignoriert und stattdessen mit der Handsäge arbeitet.

Ich denke, mein Punkt ist deutlich. Gott fordert uns auf, Zeugen zu sein und ihn in dieser Welt bekannt zu machen, und dafür stellt er ein kostbares Versprechen bereit: die Taufe mit seinem Heiligen Geist. Ich denke, es gibt nur eine adäquate Reaktion: Natürlich warten wir, bis wir Kraft empfangen haben, und natürlich wollen wir diese verheißene Kraft!

Das erste Pfingsten

Und natürlich warteten deshalb auch die Jünger. Sie warteten nicht nur, weil sie Jesus gehorsam waren, sondern gewiss auch, weil ihnen klar war, dass sie jede Hilfe brauchen würden, die ihnen zur

Verfügung stand. Immerhin hatten sie ja dreieinhalb Jahre erlebt, wie Gott-Vater sich Dienst im Reich Gottes vorstellt.

50 Tage nach der Auferstehung und 10 Tage, nachdem Jesus in den Himmel zurückgekehrt war, war es schließlich soweit: *„Und als der Pfingsttag gekommen war, waren sie alle beieinander an einem Ort. Und es geschah plötzlich ein Brausen vom Himmel wie von einem gewaltigen Sturm und erfüllte das ganze Haus, in dem sie saßen. Und es erschienen ihnen Zungen, zerteilt und wie von Feuer, und setzten sich auf einen jeden von ihnen, und sie wurden alle erfüllt von dem Heiligen Geist und fingen an zu predigen in andern Sprachen, wie der Geist ihnen zu reden eingab" (Apostelgeschichte 2,1–4; LU).*

Jetzt war es also geschehen, sie waren im Heiligem Geist getauft. Auf jeden der Wartenden kam eine Zunge von Feuer. Das griechische Wort für „taufen" ist „βαπτίζειν" und bedeutet so viel wie „untertauchen, eintauchen". Eingetaucht, untergetaucht, bekleidet mit und im Heiligen Geist und Feuer. Die Jünger waren so ergriffen, dass sie, inspiriert vom Heiligen Geist, begannen zu predigen. Sie redeten in ihnen unbekannten Sprachen. Diese Taufe mit Feuer war kein stilles Ereignis, sondern eines, das für großes Aufsehen sorgte.

„Es wohnten aber in Jerusalem Juden, die waren gottesfürchtige Männer aus allen Völkern unter dem Himmel. Als nun dieses Brausen geschah, kam die Menge zusammen und wurde verstört, denn ein jeder hörte sie in seiner eigenen Sprache reden. Sie entsetzten sich aber, verwunderten sich und sprachen: Siehe, sind nicht diese alle, die da reden, Galiläer? Wie hören wir sie denn ein jeder in seiner Muttersprache? Parther und Meder und Elamiter und die da wohnen in Mesopotamien, Judäa und Kappadozien, Pontus und der Provinz Asia, Phrygien und Pamphylien, Ägypten und der Gegend von Kyrene in Libyen und

Römer, die bei uns wohnen, Juden und Proselyten, Kreter und Araber: Wir hören sie in unsern Sprachen die großen Taten Gottes verkünden" (Apostelgeschichte 2,5–11; LU).

Vielleicht ist dir diese Geschichte schon wohlbekannt, aber sie ist es wert, in einer Art gehört zu werden, als wäre es das erste Mal. In der Stadt hörte man ein Brausen[3]. Ein außergewöhnliches Geräusch, welches die Aufmerksamkeit der Bewohner Jerusalems erregte. Sie wollten wissen, wo es herkam, suchend durchstreiften sie die Stadt. Man hatte viel Außergewöhnliches erlebt in den letzten Wochen. Angefangen von einem Erdbeben bei der Kreuzigung Jesu, parallel dazu hatte sich die Sonne verfinstert und viele Bewohner Jerusalems berichteten, dass ihnen ihre verstorbenen Verwandten erschienen waren. Und nun das.

Angekommen bei diesem doch gewöhnlichen Ort sahen sie eine Menge von Jesusnachfolgern, Männer und Frauen, die wie verzückt alle in unterschiedlichen Sprachen von den Taten Gottes sprachen. Mit ihren Worten verherrlichten sie Gott, gewiss sprachen sie über Jesus und seinen Tod, seine Auferstehung und die Treue und Weisheit Gottes. Das Erstaunliche dabei war, dass sie alle Galiläer waren, Einheimische also, ohne allzu große Fremdsprachenbildung. Aber die Menschen hörten sie in ihrer jeweiligen Muttersprache reden. Stellen wir uns das mal einen Moment für unsere Städte vor. Der Heilige Geist kommt und wir brechen in Jubel aus und beginnen in Arabisch, Persisch, Türkisch, Rumänisch, Polnisch, Französisch, Hebräisch und vielen anderen Sprachen, Jesus zu verherrlichen. Und unsere wertvollen Mitbürger aus all diesen Ländern können es kaum fassen. Was geschieht hier?

---

3 Elberfelder übersetzt: Geräusch oder Stimme.

Wir können es klar sehen: Pfingsten hat ohne Wenn und Aber unmittelbar mit dem Wunsch Gottes zu tun, dass Menschen aus allen Ländern und Völkergruppen von seinen Großtaten, seiner Barmherzigkeit und seiner Errettung hören.

„[…] aber ihr werdet die Kraft des Heiligen Geistes empfangen, der auf euch kommen wird, und werdet meine Zeugen sein in Jerusalem und in ganz Judäa und Samarien und bis an das Ende der Erde" (Apostelgeschichte 1,8; LU).

Mein persönliches Pfingsten

Für manchen stellt sich die Frage, was das für ihn oder sie bedeutet. Wie schon angedeutet, ist die Taufe mit dem Heiligen Geist keine Option, sondern eine Notwendigkeit, um effektiv Zeuge für Jesus sein zu können.

Die Jünger damals hatten die Aufgabe zu warten, bis dieser Augenblick kommen würde. Auch in der Kirchengeschichte gab es in Zeiten, als diese biblische Wahrheit neu entdeckt wurde (z. B. Anfang des 20 Jahrhunderts), sogenannte „Warteversammlungen". Man versammelte sich stunden-, tage-, nächtelang, um mit Kraft aus der Höhe bekleidet zu werden. Jede biblische Wahrheit, die nicht in gewisser Form erkannt, gepredigt und erlebt wird, ist wirkungslos. Sie benötigt viel Aufwand, Kampf und Konflikt, um wiederentdeckt und für die Masse verfügbar gemacht zu werden. Man denke nur an die Reformation und Luthers Offenbarung, dass wir aus Glauben gerecht sind. Obwohl diese Aussage wahr ist, war sie lange Zeit nicht verfügbar und hatte keinerlei Auswirkung. Es brauchte Jahrzehnte und dann Jahrhunderte, aber heute sind wir an einem Punkt, an dem wir Menschen das Evangelium predigen und, wenn sie darauf reagieren, sie unmittelbare Heilsgewissheit haben (so nennt man die Tatsache, dass man weiß, dass man gerettet ist). So ist es mir und Millionen anderer ergangen. Aber das war eben nicht immer so.

Ähnlich ist es mit der Geistestaufe. Einige Monate nachdem ich Jesus mein Leben gegeben hatte, hörte bzw. las ich das erste Mal davon. Nach einigen Recherchen wollte ich das auch haben und erleben. Ich bat meinen damaligen Pastor um ein Gespräch und so saßen wir gemeinsam in einem schön renovierten Besprechungsraum einer alten Kirche. Er freute sich über meinen Wunsch und erklärte mir, dass Menschen mit Wasser taufen, es aber Jesus ist, der uns mit Heiligem Geist tauft *(vgl. Lukas 3,16).* Unsere Aufgabe ist es, ihn darum zu bitten. Zur Ermutigung diente folgende Bibelstelle: *„Und ich sage euch auch: Bittet, so wird euch gegeben; suchet, so werdet ihr finden; klopfet an, so wird euch aufgetan. Denn wer da bittet, der empfängt; und wer da sucht, der findet; und wer da anklopft, dem wird aufgetan. Wo bittet unter euch ein Sohn den Vater um einen Fisch, und der gibt ihm statt des Fisches eine Schlange? Oder gibt ihm, wenn er um ein Ei bittet, einen Skorpion? Wenn nun ihr, die ihr böse seid, euren Kindern gute Gaben zu geben wisst, wie viel mehr wird der Vater im Himmel den Heiligen Geist geben denen, die ihn bitten!" (Lukas 11,9-13; LU).*

Aufgrund der eben genannten biblischen Verheißungen beteten wir. Ich freute mich, war aufgeregt, aber ich spürte rein gar nichts. Nach recht kurzer Zeit sagte mein Pastor zu mir, dass ich die Geistestaufe jetzt empfangen hätte und auch in Sprachen reden könnte, was für ihn mit der Geistestaufe einherging (und für mich heute auch). Stille. Ich schaute ihn ungläubig an. Nichts hatte ich empfangen. Es war ein gutes Gebet, aber passiert war nichts. Er bestand darauf, dass unser Gebet erhört sei und ich jetzt mit dem Sprachengebet beginnen könne. „Einfach den Mund öffnen und losbeten!“, sagte er. Ich weiß nicht, ob ich eher Druck oder Scham empfand, aber der Gedanke, jetzt einfach in fremden Sprachen zu beten, überforderte mich.

Ich werde zu den Fragen, die dieser Abschnitt aufwirft, vor allem zum Sprachengebet, später noch einmal mehr sagen. An dieser Stelle sei nur erwähnt, dass ich meinem damaligen Pastor heute zutiefst für seine Hartnäckigkeit dankbar bin. Er erklärte mir nochmal, dass *„[...] wer da bittet, der empfängt; und wer da sucht, der findet; und wer da anklopft, dem wird aufgetan“ (Lukas 11,10; LU).* „Christophe, du hast nichts zu verlieren, versuche es einfach!“ Er begann in Sprachen zu beten und forderte mich einmal mehr auf, mit einzusteigen. „Bei dir wird es anders klingen, es sind andere Worte, nicht nachdenken, einfach laufen lassen!“

Es fühlte sich an wie ein Dammbruch!

Ich sprang über meinen Schatten und plötzlich sprudelten Worte aus meinem Mund und ich hörte mich tatsächlich in mir fremden Sprachen reden. Es war herrlich und schwer zu beschreiben. Ich spürte Freude, Frieden, Begeisterung. Also hatte ich doch empfangen! Ich war mit Heiligem Geist getauft worden. Und ich hatte das Sprachengebet empfangen. Es kam nicht einfach über mich, es war kein Selbstläufer. Vielleicht kann man es am ehesten mit folgendem Bild beschreiben: Das Auto stand am Berg, und ich wagte es, die Handbremse zu lösen. Das war mein Anteil. Dann nahm die ganze Sache Fahrt auf, das war die Natur der Sache, aber ich hätte jederzeit wieder bremsen können.

Die nächsten Tage und Wochen betete ich viel in Sprachen. Beim Duschen, in der U-Bahn, beim Einkaufen und Spazieren. Überall und gefühlt permanent. Oh, wieviel Wunderbares es dazu doch noch zu sagen gäbe!

Bisher haben wir die Begriffe „Zeuge sein“ und „Sprachengebet“ mit der Geistestaufe in Verbindung gebracht. Als nächstes möchte ich den Begriff „Kraft empfangen“ bzw. „mit Kraft bekleidet werden“ näher beleuchten. Dazu schauen wir uns kurz noch einmal den Dienst von Jesus an.

Bevor wir das tun, möchte ich jedoch noch einen kurzen Hinweis geben: Du kannst das auch erleben! Und wenn du genau jetzt angerührt bist und ein inneres Drängen spürst, weil du ebenfalls die Taufe im Heiligen Geist empfangen möchtest, lade ich dich ein: Geh diesem Impuls nach und lies nicht einfach weiter, sondern blättere direkt ans Ende des Buches auf Seite 218, wo ich dir nochmal eine konkrete Anleitung dazu aufgeschrieben habe! Vielleicht ist genau jetzt dein Moment, um dich für den Heiligen Geist zu öffnen. Nutze ihn!

5.2. Das Mandat von Jesus und seine Wunderkraft

Wenn wir das Leben von Jesus betrachten, dann sticht neben seiner Liebe, seiner Barmherzigkeit und seiner Weisheit eindeutig seine übernatürliche Kraft heraus. Er war ein Wunderwirker. Wo auch immer er auftauchte, geschah Außergewöhnliches, nie Dagewesenes. Als Jesus einen Gelähmten vollständig heilt, heißt es: *„Und Staunen ergriff alle, und sie verherrlichten Gott und wurden mit Furcht erfüllt und sprachen: Wir haben heute außerordentliche Dinge gesehen“ (Lukas 5,26; ELB).*

Sein Mandat bestand darin, den Menschen zu zeigen, dass Gott nicht fern war. Gott hatte sich nicht abgewandt, Gott war nicht gleichgültig gegenüber den Problemen der Menschheit, sondern er war bereit und fähig einzugreifen.

Als Anfang seines Dienstes lässt er seine Zuhörer wissen: *„Die Zeit ist erfüllt, und das Reich Gottes ist nahe herbeigekommen. Tut Buße und glaubt an das Evangelium!" (Markus 1,15; LU).*

Darin sind also folgende Aspekte enthalten:

- mit seinem Kommen beginnt eine neue Zeit (griechisch: „καιρος")
- seine Welt und Königsherrschaft (wörtliche Übersetzung für das griechische Wort: „βασιλεια") ist nahe gekommen
- englische Übersetzungen schreiben oftmals „zum Greifen nah gekommen"
- denkt anders und kehrt um (wörtlich für das griechische: „μετανοια")
- und glaubt diese gute Nachricht (wörtlich für das griechische: „εὐαγγέλιον")

So in etwa kann man sein Motto ausdrücken und verstehen: *„Es ist soweit, meine Welt und meine Herrschaft sind zum Greifen nahe gekommen. Verändert euer Denken und handelt anders und glaubt diese fantastische Botschaft!"* Was mir persönlich so unglaublich gut gefällt, ist, dass Jesus es nicht bei schönen Worten belässt. Es ist nicht eine pompöse Ansage, die nicht hält, was sie verspricht, sondern er lässt den Worten Taten folgen. Direkt nach seiner Ansage, so lesen wir es im Buch Markus, ging es los: Heilung eines Besessenen *(Markus 1,21ff)*, Heilung der Schwiegermutter von Petrus *(Markus 1,29ff)*, Abendveranstaltung mit vielen Heilungen und Befreiungen *(Markus 1,32ff)*, Heilung eines Aussätzigen *(Markus 1,40ff)*. Und in den nächsten Kapiteln geht es gerade so weiter. Heilungen, Befreiungen und Wunder stehen auf der täglichen Agenda.

Manche sagen, dass diese Zeichen und Wunder vor allem als Beweis dafür galten, dass Jesus wirklich der verheißene Messias und Retter war, und dass sie die Richtigkeit seiner Botschaft unterstreichen sollten. Mag sein. Wenn wir diese Geschichten allerdings mit offenem Herzen lesen, dann sehen wir, dass jede Heilung, jede Befreiung, jedes Wunder, Ausdruck von Gottes Herzen für uns ist. Er liebt es, Gutes zu tun, er liebt es zu heilen und Schmerzen zu lindern, er liebt es, Menschen wiederherzustellen. Wie sonst könnte man folgende Aussage verstehen: *„Die Gesunden bedürfen des Arztes nicht, sondern die Kranken. Ich bin nicht gekommen, Gerechte zu rufen, sondern Sünder zur Buße“ (Lukas 5,31-32; LU).*

Um so leben zu können, benötigte Jesus übernatürliche Kraft. Das mag für manche überraschend klingen, aber obwohl Jesus ganz Gott und ganz Mensch war, entschied er sich, in den Begrenzungen der Menschen zu leben.

„Obwohl er in jeder Hinsicht Gott gleich war, hielt er nicht selbstsüchtig daran fest, wie Gott zu sein. Nein, er verzichtete darauf und wurde einem Sklaven gleich: Er wurde wie jeder andere Mensch geboren und war in allem ein Mensch wie wir“ (Philipper 2,5-7; HFA).

Jesus wurde aus freier Entscheidung und im Gehorsam gegenüber seinem Vater den Menschen in allem gleich. Obwohl er ganz Gott ist, hatte er sich entschieden, zu seinen Lebzeiten in den menschlichen Begrenzungen, also ohne übernatürliche Kräfte, zu leben. Die

Tatsache, dass er dennoch fähig war, die Königsherrschaft Gottes durch Krankenheilungen und andere Wunder übernatürlich zu demonstrieren, lag an der Gegenwart des Heiligen Geistes – konkreter an der Taufe mit dem Heiligen Geist, die Jesus zuvor erlebt hatte[4].

„Ihr wisst, was in ganz Judäa geschehen ist, angefangen von Galiläa nach der Taufe, die Johannes predigte, wie Gott Jesus von Nazareth gesalbt hat mit Heiligem Geist und Kraft; der ist umhergezogen und hat Gutes getan und alle gesund gemacht, die in der Gewalt des Teufels waren, denn Gott war mit ihm" (Apostelgeschichte 10,37–38).

In diesen Versen steckt tiefe Wahrheit. Die Bibel betont hier Jesu Menschwerdung. Jesus von Nazareth. Nicht Jesus, der Sohn Gottes. Gott hatte den jungen Mann aus Nazareth mit Heiligem Geist und Kraft gesalbt. Das Wort gesalbt bedeutet wörtlich „eingerieben" (ähnlich dem Bild der Taufe, das von eintauchen/untertauchen spricht) oder im übertragenden Sinn kann man darunter eine „Befähigung" verstehen. Wozu brauchte Jesus diese Salbung? Damit er umherziehen, Gutes tun und alle gesund und frei machen konnte, die in der Gewalt des Teufels waren. Denn Gott war mit ihm. Und zwar konkret in der Person des Heiligen Geistes. Hier streifen wir ein gewichtiges Thema, nämlich, dass der Heilige Geist vollwertig und vollkommen Gott ist[5].

---

4 Lukas 4. Taufe im Heiligen Geist und Bewährung.

5 1. Mose 1,26; Johannes 14,16-18; Apostelgeschichte 5,3-4; Apostelgeschichte 10,38; 2. Korinther 3,17; 2. Korinther 13,13

Jesus, der in den Begrenzungen der Menschen lebte, benötigte den Beistand Gottes in Form des Heiligen Geistes, um in seiner Kraft Zeichen und Wunder zu wirken. In diesem Sinne ist Jesus einmal mehr unser Vorbild, wenn es darum geht, wie wir leben sollen. Plötzlich wird klar, dass das Leben Jesu nicht einfach bewundernswert, aber für uns eben nicht nachahmbar ist, sondern wir verstehen, dass, wenn er als Mensch so übernatürlich leben und dienen konnte, wir gerufen sind, es ihm gleichzutun.

Bibelstellen wie: *„Wahrlich, wahrlich, ich sage euch: Wer an mich glaubt, der wird die Werke auch tun, die ich tue, und wird größere als diese tun; denn ich gehe zum Vater" (Johannes 14,12)*, und: *„Und siehe, ich sende auf euch, was mein Vater verheißen hat. Ihr aber sollt in der Stadt bleiben, bis ihr angetan werdet mit Kraft aus der Höhe" (Lukas 24,49; LU)*, erscheinen jetzt in einem ganz anderen Licht.

Zusammengefasst bedeutet dies, dass wir ebenfalls die Geistestaufe benötigen, um das Reich Gottes in dieser Welt übernatürlich zu demonstrieren. Genau wie Jesus. Dass wir denselben konkreten Auftrag haben, bestätigt der nächste Abschnitt.

Heilen, befreien und dienen wie Jesus

Am Tag meiner Errettung, von der ich am Anfang des Buches sprach, schwebte ich gefühlt nach Hause. Mein Herz war leicht, mir war vergeben, ich war überwältigt von Liebe und Reinheit. Ich konnte mein Glück kaum fassen. Dort im Gottesdienst hatte man auch noch für uns gebetet, die wir gerade Jesus unser Leben gegeben hatten, und uns gesegnet. Aber da war mehr.

Heute kann ich es benennen, aber damals war mir all das noch völlig unbekannt: Menschen dienten mir prophetisch. Konkret heißt das, dass sie mir Dinge über mein Leben sagten, die sie nicht wissen konnten, und darüber hinaus berichteten sie mir, wie Gott mich sah und was er mit mir vorhatte. Ich war überwältigt. Es waren nicht nur die ermutigenden Worte, die ich hörte, es war, als ob ich die Worte fühlte, schmeckte und roch. Es war einfach herrlich. Gott lebte, er redete, er liebte und er rettete. Wie sehr hatte ich mir das doch als Kind gewünscht zu erleben! Ich hatte die alten Bibelgeschichten geliebt, von David und Goliath, Daniel in der Löwengrube, Noah und Abraham. Alles Helden. Und dann Jesus. Heilungen, Befreiungen, Tote auferwecken. Was für ein Leben! Leider waren das Geschichten aus einer lang vergangenen Zeit. Heute gab es so etwas nicht mehr, glaubte ich damals.

Am 17. März 2002 änderte sich mein Weltbild dann für immer. Das gab es eben doch! Als ich zu Hause ankam, bemerkten meine Eltern sofort, dass etwas geschehen war. Ich zog mich in mein Zimmer zurück und begann in den nächsten Tagen und Wochen, die Bibel zu verschlingen. Es war, als ob ein riesiger Hunger in mir geweckt worden war. Ich wollte alles über Gott wissen, jetzt, wo er doch nicht tot und gelähmt war. Er lebte, redete und handelte. Fantastisch und kaum zu glauben! Die alten Geschichten, die mich vor Jahren tief berührt hatten, erstrahlten in neuem Glanz. Sie stimmten damals und sie stimmen heute. Es sollte nicht lange dauern, bis ich folgenden Wahrheiten begegnete: *„Und als er seine zwölf Jünger herangerufen hatte, gab er ihnen Vollmacht über unreine Geister, sie auszutreiben und jede Krankheit und jedes Gebrechen zu heilen. Die Namen der zwölf Apostel aber sind diese: der erste Simon, der Petrus genannt wird, und Andreas, sein Bruder, und Jakobus, der Sohn des Zebedäus, und Johannes, sein Bruder, Philippus […]" (Matthäus 10,1-3; ELB).*

Jesus wirkte Wunder, aber seine Freunde auch. Da ich nicht besonders kirchlich geprägt war, las ich hier nicht Titel wie „Apostel", sondern für mich klang es wie eine Aufzählung von Namen von Freunden. „Jesus gab ihnen Vollmacht [...] und zwar Peter, Susi, Katharina, Heidi, Paule, Fritz und Hans." Und somit auch Christophe.

Durch Markus fühlte ich mich weiter bestätigt: *„Die Zeichen aber, die folgen werden denen, die da glauben, sind diese: In meinem Namen werden sie Dämonen austreiben, in neuen Zungen reden, Schlangen mit den Händen hochheben, und wenn sie etwas Tödliches trinken, wird's ihnen nicht schaden; Kranken werden sie die Hände auflegen, so wird's gut mit ihnen." (Markus 16,17-18; LU)*

„Die Zeichen, die denen folgen, die glauben", das betraf mich. Ich glaubte! Somit konnte ich erwarten, dass durch mich Zeichen und Wunder geschehen würden. Im Kontext dieser Stelle wird deutlich, dass es um den Glauben an Jesus, seinen Tod und seine Auferstehung geht. Genau deshalb kann man sagen, dass diese Aussage allen wiedergeborenen Christen gilt. Gleichzeitig haben wir aber auch durch all die schon erwähnten Bibelstellen und das Beispiel von Jesus selbst gesehen, dass dieser Glaube – im Bild gesprochen – nur die „Eintrittskarte" ist. Die Jünger waren auch wiedergeboren, sie glaubten, aber das reichte nicht aus. Sie sollten noch auf Kraft warten. Der Glaube an Jesus (Wiedergeburt) ist also notwendig, aber er ist nicht gleichzusetzen mit der noch zu empfangenden Kraft.

Vereinfacht könnten wir also sagen, Johannes 20 beschreibt, wie die Jünger den Heiligen Geist <u>in</u> sich empfangen, Lukas 24 fordert sie auf, auf die <u>Kraft zu warten</u> und Markus 16 zeigt uns, was geschehen wird, wenn sie die <u>Kraft empfangen haben</u>: Dämonen austreiben, Sprachengebet, übernatürlicher Schutz, Heilungen.

Wunder gibt es noch heute: meine erste Heilung

Mein Herz jubelte vor Freude. Das Leben mit Gott war ein aufregendes Leben! Ein Leben voller Wunder, das konnte und das wollte ich erwarten. Aber tatsächlich sollte es bis nach meiner Geistestaufe dauern, bis ich meine erste Heilung erlebte.

Ein Freund von mir musste ins Krankenhaus. Seit ca. zwei Monaten konnte er kaum Essen bei sich behalten und hatte viel Gewicht verloren. Bei einer Voruntersuchung stellte man fest, dass er katastrophale Blutwerte hatte. Am Tag vor seiner stationären Einweisung für weitere Untersuchungen sahen wir uns zufällig. Er erzählte mir seine Not und traf damit voll ins Schwarze. Ich wollte für Kranke beten, ich wollte sehen, dass Gottes Wort sich bewahrheitet, und zwar in meinem Leben. Wir redeten noch ein wenig weiter, bis ich ihm erklärte, dass ich gern im Namen von Jesus für ihn beten würde.

Bei unserem Gespräch kam heraus, dass es Gründe für diese Beschwerden gab. Das hatte mit Entscheidungen und Ereignissen zwei Monate zuvor zu tun. Die Kurzversion ist, dass ich ihm erklärte, dass er Türen für die Finsternis geöffnet hatte, die sich ausschließlich durch den Namen Jesus wieder schließen ließen. Wir beteten und im ersten Moment konnte man keinen Unterschied feststellen. Am nächsten Tag jedoch kam er freudestrahlend auf mich zu. Aufgewacht war er mit großem Hunger und das Essen blieb das erste Mal seit Langem komplett im Magen. Mit dieser guten Nachricht ging er zu seinem geplanten Termin im Krankenhaus. Nachdem die nochmalige Blutuntersuchung völlig normale Werte anzeigte und er sich blendend fühlte, wurde er unter Vorbehalt erstmal wieder nach Hause geschickt. Die Probleme kehrten nie zurück! Ich war begeistert. Noch über die nächsten Wochen und Monate erzählte ich ihm viel von Jesus und unter Tränen gab er eines Tages sein Leben dem großen König.

5.3. Die Taufe im Heiligen Geist – nicht nur ein nettes Add-on

Wenn man die verschiedenen Berichte und Bibelstellen liest und auf sich wirken lässt, dann kommt man nicht an der Tatsache vorbei, dass es nach der Wiedergeburt und dem persönlichen Empfangen des Heiligen Geistes „in sich“ ein weiteres Ereignis gibt, und das ist, den Heiligen Geist „auf sich“ zu empfangen in Form der Geistestaufe oder dem *„bekleidet werde[n] mit Kraft aus der Höhe“ (Lukas 24,49).* Ich habe einleitend erwähnt, dass der Heilige Geist „in uns“ ist um unseretwillen und „auf uns“ kommt um der anderen willen. Nachdem Jesus ein Erlebnis mit dem Heiligen Geist während seiner Wassertaufe hatte (*Lukas 3,21-22)*, kam er nach 40 herausfordernden Tagen in der Wüste in seine Heimatstadt.

„Und Jesus kam in der Kraft des Geistes wieder nach Galiläa; und die Kunde von ihm erscholl durch das ganze umliegende Land. Und er lehrte in ihren Synagogen und wurde von jedermann gepriesen“ (Lukas 4,14-15; LU).

Als er dort nun seinen öffentlichen Dienst begann, legt er folgende Bibelstelle auf sich aus: *„Der Geist des Herrn ist auf mir, weil er mich gesalbt hat und gesandt, zu verkündigen das Evangelium den Armen, zu predigen den Gefangenen, dass sie frei sein sollen, und den Blinden, dass sie sehen sollen, und die Zerschlagenen zu entlassen in die Freiheit und zu verkündigen das Gnadenjahr des Herrn“ (Lukas 4,18-19; LU).*

Jesus betonte, dass der *„Geist des Herrn <u>auf</u> [ihm]“* war. Und zwar einmal mehr, damit er, wie auch in Apostelgeschichte 10,38 berichtet wird, anderen damit übernatürlich dienen konnte.

Für diejenigen unter euch, die noch nicht ganz sicher sind, möchte ich ein weiteres neutestamentliches Beispiel anführen. Auch sei noch einmal gesagt, dass es letztlich nicht um die Begriffe „in uns“ und „auf uns“ geht – darüber kann man debattieren –, sondern um den Fakt, dass man als wiedergeborener Christ nicht automatisch im Geist getauft und mit übernatürlicher Kraft bekleidet ist. Dies ist aber notwendig für einen effektiven übernatürlichen Dienst im Reich Gottes, und zu diesem Dienst sind wir berufen.

Eine meiner vielen biblischen Lieblingsgeschichten finden wir in Apostelgeschichte 8. Philippus predigt in einer Stadt Samarias und es geschehen dabei viele Zeichen und Wunder. Gelähmte werden geheilt und Dämonen fahren aus. Die Menschen sind so überzeugt, auch von der Botschaft, die sie hören, dass sie sich zu Jesus bekehren und sich unmittelbar taufen lassen (übrigens auch sehr biblisch).

„Als sie aber den Predigten des Philippus von dem Reich Gottes und von dem Namen Jesu Christi glaubten, ließen sich taufen Männer und Frauen“ (Apostelgeschichte 8,12; LU).

Wir haben hinreichend ausgelegt, dass jeder wiedergeborene Christ den Heiligen Geist (in sich) hat, denn *„[…] niemand [kann] sagen […]: ‚Herr Jesus!‘ außer im Heiligen Geist“ (1. Korinther 12,3; ELB).* Sprich, diese neuen Gläubigen haben den Heiligen Geist, wie auch die Jünger in Johannes 20.

In Samaria geschieht also ein geistlicher Aufbruch, wie wir ihn uns alle wünschen. Menschen bekehren sich, lassen sich taufen und sind voller Freude. Jetzt braucht es eigentlich nur noch gelebte Jüngerschaft, einen guten Grundlagenkurs, Gemeindemitgliedschaft, den Überweisungsschein für den Zehnten und einen Hauskreis, dann sollte ihre neue Welt in Ordnung sein.

Das, was die geistlichen Leiter der damaligen Zeit umtreibt, ist aber etwas völlig anderes. Es waren die Fragen: *Wurden die neuen Gläubigen im Geist getauft? Haben sie die Kraft aus der Höhe empfangen? Hat man ihnen alles mitgegeben, was sie für ein siegreiches und effektives Leben mit Jesus brauchen?* Hier wollen sie nichts versäumen. Aus diesem Grund schicken sie eine Delegation in das Erweckungsgebiet.

„Als aber die Apostel in Jerusalem hörten, dass Samarien das Wort Gottes angenommen hatte, sandten sie zu ihnen Petrus und Johannes. Die kamen hinab und beteten für sie, dass sie den Heiligen Geist empfingen. Denn er war noch auf keinen von ihnen gefallen, sondern sie waren allein getauft auf den Namen des Herrn Jesus. Da legten sie die Hände auf sie und sie empfingen den Heiligen Geist" (Apostelgeschichte 8,14-17; LU).

Diese Zeilen sprechen für sich. „Er war noch <u>auf</u> keinen von ihnen gefallen"! Das war aber absolut notwendig. Bekehrung und Wassertaufe sind zwingend, ebenso ist es die Taufe mit dem Heiligen Geist.

Ein leidenschaftliches Plädoyer – auch für Gemeinden

Ein wenig fühlt es sich für mich wie folgt an: Der eine Teil des Leibes weiß noch nicht um diese Erfahrung oder hat sie theologisch wegdiskutiert. Der andere Teil weiß darum, aber hat diese Erfahrung

„gezähmt“ und verkauft sie als nettes Add-on im Laden der geistlichen Möglichkeiten. Als sei die Taufe im Heiligen optional, wenn man denn so möchte, vielleicht für die ganz Hungrigen.

Vor Jahren war ich in einer wunderbaren Pfingstgemeinde eingeladen und sprach dort über den Heilungsdienst. Am Ende des Gottesdienstes wollte ich auch für diejenigen beten, die noch nicht im Geist getauft waren. Zu meinem Erstaunen kam ein Großteil der Gemeinde nach vorne. Wie konnte das sein, fragte ich mich. Wie konnte man solch einen Schatz, aber auch solch eine dringend benötigte Erfahrung außen vor und in den Nebenräumen des Gemeindelebens verstauben lassen?

Ich empfinde sehr stark, dass wir uns solch eine Herangehensweise nicht leisten können, wenn wir einen geistlichen Aufbruch in unserem Land sehen wollen. Missionarisches Feuer, übernatürliche Kraftwirkungen, die den Menschen die Augen öffnen, Heilungen und Durchbrüche auch für Gottes Kinder selbst sind in der Taufe von Geist und Feuer zu finden. Es ist längst an der Zeit, und ich wiederhole hier nur den alten Ruf, dass wir die Erfahrungen von Wiedergeburt, Wassertaufe und Geistestaufe nicht nur zeitlich wieder näher zusammenbringen, sondern dass wir vor allem darauf achten, Letzteres nicht zu vergessen.

Diese Zeilen sind nicht für die Apostel oder die geistliche Elite geschrieben. Jeder aufrichtige Gläubige kann für die Taufe im Geist eines anderen beten. Einmal mehr bin ich dankbar, dass Gott all unsere Umwege zum Guten nutzt. Mir waren damals manche Dinge des christlichen Protokolls noch gar nicht bewusst, und das war auch gut so, denn es schenkte mir eine wunderbar unvoreingenommene Selbstverständlichkeit im Umgang mit diesem Thema. Ich hatte die

Geistestaufe erlebt und dann all meinen christlichen Freunden davon erzählt – und allen, die neu zum Glauben kamen. Natürlich habe ich dann auch selbst für sie gebetet und natürlich hat Jesus sie im Geist getauft. Alle sind gefragt, alle dürfen mitmachen!

Für die Geistestaufe eines anderen beten

Im Endeffekt ist das Gebet um die Geistestaufe wie jedes andere Gebet. Wir bitten Jesus mit schlichtem Herzen, die andere Person oder die Gruppe im Heiligen Geist und mit Feuer zu taufen. Dies kann, wie ich es auch im Abschnitt „Mein persönliches Pfingsten“ erklärt habe, sehr spürbar oder auch kaum spürbar ablaufen. Frage die Person, ob du deine Hand dezent auflegen darfst, danke Vater und Sohn für ihre Liebe und was dich sonst berührt. Es braucht nicht viele Worte. Dann bitte Jesus konkret für die Geistestaufe. Nun warte ab. Es kann sein, dass du Hitze spürst, aber auch Frieden und Gottes Gegenwart. Etwas wie Elektrizität und Kraftströme sind auch nicht außergewöhnlich. Frage die Person, für die du betetest, ob sie etwas spürt, und wenn ja, erkläre ihr, dass dies der Heilige Geist ist.

Wenn du oder sie nichts spürt, lass dich nicht irritieren. Wir empfangen aufgrund von Glauben, nicht weil wir etwas fühlen. Es kann aber auch sehr dramatisch passieren. Vielleicht fällt die Person unter der Kraft Gottes zu Boden, vielleicht beginnt sie stark zu zittern, zu weinen und zu schluchzen. Genauso kann es sein, dass eine übermäßige Freude in ihr ausbricht und sie sich vor Lachen kaum halten kann. Keine Angst, all das ist gut. Je sichtbarer der Heilige Geist auftritt, desto mehr trete du in den Hintergrund. Segne, was er tut, und danke ihm dafür. Er hat das Kommando übernommen. Sei du leiser und beobachte, was er tut. Genieße es. Hetze die Person nicht, sondern warte ab, bis das Ganze vorbei ist. Wenn eine Person zu Boden geht oder ergriffen in der Gegenwart Gottes steht, lass sie dort. Ermutige sie, so lange zu verweilen, bis das Gefühl sich auflöst. Der Herr tut sein Werk und wir wollen es nicht unterbrechen.

Geht es weniger spektakulär zu, dürfen wir mehr Leitung und Ermutigung übernehmen. Wenn du gebetet hast, darfst du gewiss sein, dass dein Gegenüber empfangen hat. Ein häufiges Zeichen ist das Sprachengebet. Auch hier gibt es wieder beide Möglichkeiten. Manchmal bricht es einfach heraus und die Personen beten überwältigt in Sprachen, manchmal braucht es die liebevolle Ermutigung, wie ich sie damals gebraucht habe. Etwas Hartnäckigkeit lohnt sich. Die Geistestaufe ist das Tor, damit wir übernatürliche Zeugen sein können, damit wir in Sprachen beten und damit die übernatürlichen Gaben des Geistes durch uns wirken können. Bevor wir uns diesen Gaben zuwenden, möchte ich einige der häufigsten und kontroversesten Fragen rund um dieses Thema aufgreifen. Auch möchte ich einen Punkt ansprechen, was meiner Meinung nach dafür verantwortlich ist, dass wir in unseren Breitengraden doch recht wenig mit dem Heiligen Geist erleben. Dieses nächste Kapitel soll uns innerlich darauf vorbereiten, dass der Heilige Geist uns vollmächtig gebrauchen kann.

6. KONTROVERSEN – ÄNGSTE – HINDERNISSE

Seit ich Auto fahren darf, hatte ich meist VW-Busse. Alte und heute neue. Zum Glück habe ich auch wunderbare Freunde, die mir immer wieder liebevoll helfen, wenn mal wieder etwas nicht funktioniert. Ich kann mich auf sie verlassen, und nach einiger Zeit sind meine Schätze dann meistens wieder fahrbereit gewesen. Ich liebe diesen Moment, wenn der Motor anspringt und los geht's. Nichts steht der Reise mehr im Wege. Genau dieses Gefühl empfinde ich auch, wenn wir uns daran machen, Hindernisse im Leben mit dem Heiligen Geist wegzuräumen. Deshalb habe ich mich auf dieses Kapitel sehr gefreut.

Ich möchte an dieser Stelle jedoch auch deutlich machen, dass gute Freunde von mir und anerkannte Leiter im weltweiten Leib Christi vielleicht manches anders betonen und beleuchten als ich. Aber das macht nichts. Paulus lobt die Beröer, weil *„sie […] das Wort bereitwillig aufnahmen und […] täglich in der Schrift forschten, ob sich's so verhielte" (Apostelgeschichte 17,11; LU).* Es ist gut und gesund, sich eine eigene Meinung anhand von Gottes Wort zu bilden. Austausch und Diskussion ist gut, Streit nicht! *„Aber die törichten und ungereimten Streitfragen weise ab, da du weißt, dass sie Streitigkeiten erzeugen! Ein Knecht des Herrn aber soll nicht streiten, sondern gegen alle milde sein, lehrfähig, duldsam […]" (2. Timotheus 2,23–24; ELB).*

Mit dieser Haltung wollen wir uns also den spannenden Themen nähern.

6.1. Alle können in Sprachen reden

Der Schriftbefund

Oder etwa nicht? Das ist eine der heiß diskutierten Fragen. In meinen Erläuterungen zum Empfang der Geistestaufe klingt es so, dass das Sprachengebet etwas ist, was in diesem Zusammenhang für alle erlebbar wird. Immerhin wurde ich selbst nach meiner Geistestaufe direkt ermutigt, in Sprachen zu beten, und ich habe ebenfalls dazu aufgefordert, gerne etwas hartnäckig zu sein, wenn es darum geht, jemanden bei diesem Thema anzuleiten, wenn das Reden in Sprachen nicht ohnehin einfach geschieht.

Wagen wir einen Schriftbefund: In Apostelgeschichte 2 sehen wir an Pfingsten die erste Geistestaufe.

„Und sie wurden alle mit Heiligem Geist erfüllt und *fingen an, in anderen Sprachen [Zungen] zu reden, wie der Geist ihnen gab auszusprechen" (Apostelgeschichte 2,4; ELB).*

Im Kapitel über Pfingsten haben wir gesehen, dass dies irdische Sprachen waren, denn die Zuhörer konnten sie verstehen und hörten, wie die Jünger Gott in der jeweiligen Sprache der Zuhörer verherrlichten *(Apostelgeschichte 2,5–11).*

Eine weitere Stelle im Neuen Testament, in der wir von der Geistestaufe erfahren, ist Apostelgeschichte 10: *„Da Petrus noch diese Worte redete, fiel der Heilige Geist auf alle, die dem Wort zuhörten. Und die gläubig gewordenen Juden, die mit Petrus gekommen waren,* *entsetzten sich, weil auch auf die Heiden die Gabe des Heiligen Geistes ausgegossen wurde; denn sie hörten, dass sie in Zungen redeten und Gott hoch priesen" (Apostelgeschichte10,44-46; LU).*

Wieder fällt der Heilige Geist, wieder beten die Empfänger in Sprachen. Ob es sich hier um irdische oder himmlische Sprachen handelt, können wir nicht mit letzter Gewissheit sagen.

Und zu guter Letzt noch eine weitere: *„Als sie das hörten, ließen sie sich taufen auf den Namen des Herrn Jesus. Und als Paulus ihnen die Hände auflegte, kam der Heilige Geist auf sie und sie redeten in Zungen und weissagten" (Apostelgeschichte 19,5–6; LU).*

Dieses Mal sehen wir die Gläubigen nicht nur in Sprachen reden (ob in himmlischen oder irdischen wissen wir wieder nicht), sondern sie beginnen auch zu weissagen – was ein anderes Wort für prophezeien ist. Hier sehen wir die Taufe im Heiligen Geist auch im Zusammenhang mit der Befähigung, in einer Geistesgabe zu dienen. Das ist ein Zusammenhang, den schon der Prophet Joel vorhergesagt hat.

„Und nach diesem will ich meinen Geist ausgießen über alles Fleisch, und eure Söhne und Töchter sollen weissagen, eure Alten sollen Träume haben, und eure Jünglinge sollen Gesichte sehen. Auch will ich zur selben Zeit über Knechte und Mägde meinen Geist ausgießen" (Joel 3,1-3; LU).

Wir halten fest, dass mit der Geistestaufe unterschiedlichste Manifestationen, wie Sprachengebet und Weissagung, einhergehen. Wenn wir jetzt nochmal an das Wort von Jesus in Markus 16 denken, dann wird es schwer zu leugnen, dass Sprachengebet etwas ist, dass grundsätzlich für alle Gläubigen verfügbar ist.

„Die Zeichen aber, die folgen werden denen, die da glauben, sind diese: In meinem Namen werden sie Dämonen austreiben, in neuen Zungen reden, Schlangen mit den Händen hochheben, und wenn sie etwas Tödliches trinken, wird's ihnen nicht schaden; Kranken werden sie die Hände auflegen, so wird's gut mit ihnen" (Markus 16,17–18).

Eine laute Gegenstimme

Dem gegenüber steht eine Aussage von Paulus. In seinem Brief an die Korinther vergleicht er die Gemeinde mit einem Körper. Ein Körper besteht aus verschiedenen Gliedern, wie Auge, Nase, Ohren, Beine etc. *(vgl. 1. Korinther 12,12–27).* Das macht ihn aus. Jedes Körperteil ist notwendig und hat eine andere Aufgabe. So ist es auch in der Familie Gottes. Jeder hat einen anderen Schwerpunkt, eine andere Leidenschaft, ein anderes Talent. Und auch andere übernatürliche Gaben des Heiligen Geistes. So will Paulus es verstanden haben. Von diesem Gedankengang herkommend, stellt er die rhetorische Frage: *„Sind sie denn alle Apostel? Sind sie alle Propheten? Sind sie alle Lehrer? Haben sie alle die Kraft, Wunder zu tun, haben sie alle Gaben, gesund zu machen? Reden sie alle in Zungen? Können sie alle auslegen? Strebt aber nach den größeren Gaben!" (1. Korinther 12,29–31; LU).*

Lautstark erschallt es in der Gemeinde, wie früher, als man die Kinder fragte: „Habt ihr Angst vor dem bösen Wolf?" NEIIIIIIIIIIN!

„Nein! Nicht alle sind Apostel, nicht alle sind Propheten, nicht alle haben Wunderkräfte und nein, nicht alle reden in Zungen!" Da haben wir es doch. Es können eben doch nicht alle in Sprachen reden! Gefühlt stehen wir hier einem unauflöslichen Widerspruch gegenüber *(vgl. Markus 16,17 und 1. Korinther 12,30),* und ich verstehe, weshalb Personen, für die man mehrfach für das Empfangen des Sprachengebets gebetet hat, abwinken und irgendwann zu dem Schluss kommen, dass das dann wohl nicht für sie sei. In diesem Kontext wirkt Hartnäckigkeit dann natürlich penetrant. Aber ist das wirklich das, was Paulus uns sagen möchte?

Des Rätsels Lösung?

Wenn wir die Aussage von Paulus genauer betrachten, dann spricht er zum einen von Ämtern (Apostel, Propheten, Lehrer[6]) und zum anderen von Geistesgaben *(Kraft, Wunder zu tun; Gaben, gesund zu machen; Zungenrede, Auslegung)*. Die ganze Auflistung dieser neun übernatürlichen Gaben des Heiligen Geistes, die wir noch differenziert betrachten werden, finden wir einige Verse davor: *„Dem einen wird durch den Geist ein Wort der Weisheit gegeben; dem andern ein Wort der Erkenntnis durch denselben Geist; einem andern Glaube, in demselben Geist; einem andern die Gabe, gesund zu machen, in dem einen Geist; einem andern die Kraft, Wunder zu tun; einem andern prophetische Rede; einem andern die Gabe, die Geister zu unterscheiden; einem andern mancherlei Zungenrede; einem andern die Gabe, sie auszulegen. Dies alles aber wirkt derselbe Geist, der einem jeden das Seine zuteilt, wie er will" (1. Korinther 12,8–11; LU).*

Paulus erklärt der Gemeinde in Korinth und somit auch uns heute sehr deutlich, dass der Heilige Geist diese übernatürlichen Befähigungen austeilt, wie er will. Somit muss man klar sagen: Nicht jeder hat eine Heilungsgabe, nicht jeder die Gabe der Geisterunterscheidung, nicht jeder die Gabe, in Sprachen zu reden, und nicht jeder kann diese Sprachenrede auslegen.

---

6 Siehe auch Epheser 4,11ff.

Diese neun Geistesgaben sind uns gegeben, um anderen zu dienen. Genau wie wir es bei der Taufe im Heiligen Geist gesehen haben: Der Geist kommt mit Macht auf uns um der anderen willen. Auf das Sprachengebet bezogen bedeutet das, dass die Sprachenrede, indem sie ausgelegt wird *(1. Korinther 14,13)* den anderen erbaut, ermutigt, warnt oder lehrt (mehr dazu unter „Die neun Gaben – konkret"). Oder wie in Apostelgeschichte 2,5–11, da waren es irdische Sprachen, die die Zuhörer verstanden und dadurch von den Großtaten Gottes hören konnten. Dies gilt im Übrigen für alle anderen Gaben ebenfalls – ganz gleich, ob es um Heilung, Wunderwirkung oder Weissagung geht.

Damit kommen wir der Lösung ein beträchtliches Stück näher. Mit diesem Wissen im Hinterkopf wollen wir uns einige weitere Aussagen von Paulus zum Reden in Sprachen anschauen.

„Wer in Zungen redet, der erbaut sich selbst [...]" (1. Korinther 14,4; LU). Das klingt ganz anders. Hier ist nicht ein anderer im Vordergrund, sondern man selbst. Ebenso schreibt Paulus: *„Denn wer in Zungen redet, der redet nicht zu Menschen, sondern zu Gott; denn niemand versteht ihn: im Geist redet er Geheimnisse" (1. Korinther 14,2; LU).* Gleiche Aussage. Nicht Menschen wird gedient, man ist mit Gott in einem mysteriösen Zwiegespräch. Bevor wir das Ganze zusammenbinden, noch eine gewichtige Aussage: *„Denn wenn ich in Zungen bete, so betet mein Geist; aber mein Verstand bleibt ohne Frucht" (1. Korinther 14,14; LU).*

Ich muss zugeben, dass ich mir manchmal wünsche, Paulus hätte es systematischer dargelegt. Aber wenn man diese und noch einige andere Bibelstellen nüchtern betrachtet, dann scheint sich mir folgendes Bild zu ergeben: Es gibt eine Gabe des Heiligen Geistes

(Sprachengebet), die nicht jeder hat und nicht jeder auslegen kann. Diese Geistesgabe, wie all die anderen Gaben auch, dient einem Gegenüber oder einer Gruppe. Dann gibt es aber auch ein, wie ich es nenne, „persönliches Sprachengebet". Dieses dient nicht dem anderen, sondern einem selbst. Wir haben gelesen, dass jemand, der in Sprachen betet, sich selbst aufbaut und mit Gott im Geist Geheimnisse redet. Absolut erstaunlich ist der Hinweis, dass Paulus betont, dass „sein Geist" betet, wenn es um die persönliche Auferbauung geht.

Ich kann mir vorstellen, dass manche schwer folgen können bei all diesen unterschiedlichen Betonungen. Auf den Punkt gebracht halten wir deshalb nochmal fest:

- Das Sprachengebet als Gabe des Heiligen Geistes, das anderen dient, hat nicht jeder.
- Das persönliche Sprachengebet, initiiert von *meinem* Geist, das mich selbst aufbaut, kann und soll jeder haben.

Ich denke, das ist des Rätsels Lösung. In gewisser Form haben beide Gruppierungen also recht. Nun stellen sich noch die Fragen: Wann empfängt man das persönliche Sprachengebet und was genau ist der Sinn davon?

Das persönliche Sprachengebet? Wie du es bekommst – und wofür

Nach meinem Bibelverständnis und von meiner Erfahrung her sind das Empfangen des persönlichen Sprachengebets und die Geistestaufe engstens miteinander verbunden. Wie ich in meinem persönlichen Beispiel beschrieben habe, erging es mir so und genau so habe ich es auch in Hunderten anderen Fällen erlebt, wenn ich für Menschen gebetet habe. Ich persönlich habe deshalb einen großen Glauben, dass es sich so verhält. Aus diesem Grund fällt es mir leicht, Menschen zu motivieren, es auszuprobieren, wenn wir gebetet haben, weil ich sicher bin, dass das persönliche Sprachengebet mit der Taufe des Heiligen Geistes bei ihnen freigesetzt wurde. Im Rahmen der Geistestaufe bete ich neben dem Empfang der Geistesgaben immer auch genau dafür.

Da stellt sich natürlich die Frage des Nutzens. Ist es bei so einem kontroversen Thema wirklich der Mühe wert? Braucht es denn dieses persönliche Sprachengebet überhaupt? Das kann ich ganz klar mit Ja beantworten. Ich tendiere sogar dazu zu behaupten, dass dies Thema so umkämpft ist, weil es so entscheidend und kraftvoll ist.

Die Aussagen von Paulus aus dem Korintherbrief haben wir gehört. Es erbaut einen persönlich, man tauscht mit Gott Geheimnisse aus, die der eigene Geist versteht, aber nicht der eigene Verstand.

Die Feststellung, dass in diesem Fall der eigene Geist betet, ist interessant. Drei Bibelstellen helfen uns, das besser zu verstehen.

„Denn welcher Mensch weiß, was im Menschen ist, als allein der Geist des Menschen, der in ihm ist? So weiß auch niemand, was in Gott ist, als allein der Geist Gottes" (1. Korinther 2,11; LU).

Klarer Gedankengang: Der Heilige Geist weiß, was in Gottes Innerstem abläuft, und unser Geist weiß, was uns im Innersten bewegt. Bestätigt wird dies durch folgende Aussage: *„Eine Leuchte des HERRN ist des Menschen Geist; er durchforscht alle Kammern des Innern" (Sprüche 20,27; LU).*

Wie eine Taschenlampe, die jeden Winkel unseres Herzens erhellen kann, wird unser Geist beschrieben. Wenn wir jetzt noch Paulus'

Aussage dazunehmen, wird das Bild komplett: *„Desgleichen hilft auch der Geist unsrer Schwachheit auf. Denn wir wissen nicht, was wir beten sollen, wie sich's gebührt, sondern der Geist selbst tritt für uns ein mit unaussprechlichem Seufzen. Der aber die Herzen erforscht, der weiß, worauf der Sinn des Geistes gerichtet ist; denn er tritt für die Heiligen ein, wie Gott es will" (Römer 8,26–27; LU).*

Ich persönlich glaube, dass diese Stelle oftmals falsch ausgelegt wurde, so auch von manchen Übersetzern, die aus „Geist" „Geist Gottes" machen und nicht zwischen dem eigenen und dem Heiligen Geist differenzieren. Für mich macht es jedoch vielmehr Sinn, dass hier auch von unserem Geist die Rede ist. Er weiß, was uns bewegt, er erforscht die Herzen und er tritt in unaussprechlichen Seufzern für uns ein. *„Unaussprechliche Seufzer"* ist für mich ein Ausdruck für das persönliche Sprachengebet. *„Denn wenn ich in Zungen bete, so betet mein Geist […]" (1. Korinther 14,14; LU).* Wobei es auch ein tatsächliches „Seufzen im Geist" gibt.

Im Letzten lässt sich gerade diese Römerstelle nicht ins kleinste Detail auflösen (wann von welchem Geist genau die Rede ist), vor allem, wenn wir bedenken, dass wir *„ein Geist mit ihm"* sind *(1. Korinther 6,17; LU).* Aber die praktische Implikation wird deutlich: Durch das persönliche Sprachengebet haben wir die Möglichkeit, Dinge, die wir selbst nicht in Worte fassen können, im Gebet vor Gott zu bringen. Manchmal kann man nicht greifen, was einen bewegt, aufwühlt oder was jetzt richtig wäre, im Gebet zu besprechen. Und oftmals fehlt uns auch der Überblick, was genau jetzt entscheidend und strategisch wichtig ist. Ich denke, diese Erfahrung hat jeder schon gemacht. Und ich glaube, genau dafür schenkt Gott allen Gläubigen das persönliche Sprachengebet.

Ich persönlich erlebe es ähnlich wie der Apostel Paulus, dass ich oft und viel in Sprachen bete und singe. Oftmals fühlt es sich wie eine Form von Anbetung an, an anderer Stelle wie Fürbitte und Flehen.

„Denn wenn ich in Zungen bete, so betet mein Geist; aber mein Verstand bleibt ohne Frucht. Wie soll es aber sein? Ich will beten mit dem Geist und will auch beten mit dem Verstand; ich will Psalmen singen mit dem Geist und will auch Psalmen singen mit dem Verstand. Wenn du Gott lobst im Geist, wie soll der, der als Unkundiger dabeisteht, das Amen sagen auf dein Dankgebet, da er doch nicht weiß, was du sagst? Dein Dankgebet mag schön sein; aber der andere wird nicht erbaut. Ich danke Gott, dass ich mehr in Zungen rede als ihr alle. Aber ich will in der Gemeinde lieber fünf Worte reden mit meinem Verstand, damit ich auch andere unterweise, als zehntausend Worte in Zungen" (1. Korinther 14,14–19; LU).

Paulus lässt uns wissen, dass er mit menschlichen Worten anbetet, betet und Lobpreislieder singt, aber auch im Geist, also in Sprachen, betet und singt. Vor allem, wenn er für sich allein ist. Wenn er in der Gemeinde ist und ihr dient, dann legt er Wert darauf, dass seine Zuhörer ihn verstehen, damit sie von Herzen zustimmen können.

Ich möchte an dieser Stelle einen Gedanken hinzufügen zum Thema „für jemand anderen in Sprachen beten". Es gibt Augenblicke, in denen man von Gott kommend eine Dringlichkeit empfindet, für eine bestimmte Person zu beten, aber nicht genau weiß, was und wie. Ich habe das oft erlebt, dass ich tagsüber an jemanden denke oder nachts aufwache und zum Beispiel plötzlich das Gefühl bekomme, die Person ist in Not oder in Gefahr, und dann einen Ruf ins Gebet verspüre. Dann beginne ich in Sprachen zu beten, bis sich entweder das Gefühl legt oder ich etwas konkret in Worten ausdrücken kann. Was für ein großartiges Geschenk und was für ein effektives Werkzeug ist das Sprachengebet mir dann! Beenden wollen wir diese erste Kontroverse mit dem Hinweis, dass das Beten und Singen in Sprachen dazu führen, dass wir „voll des Geistes“ sind.

Der Brief an die Epheser zeigt uns diesen Zusammenhang: „*Seht nun genau zu, wie ihr wandelt, nicht als Unweise, sondern als Weise! Kauft die rechte Zeit aus! Denn die Tage sind böse. Darum seid nicht töricht, sondern versteht, was der Wille des Herrn ist! Und berauscht euch nicht mit Wein, worin Ausschweifung ist,* ***sondern werdet voller Geist, indem*** *ihr zueinander in Psalmen und Lobliedern und* ***geistlichen Liedern*** *[in Sprachen singend] redet und dem Herrn mit eurem Herzen singt und spielt! Sagt allezeit für alles dem Gott und Vater Dank im Namen unseres Herrn Jesus Christus!“ (Epheser 5,15-20; ELB).*

In diesem Abschnitt werden verschiedene Möglichkeiten einander gegenübergestellt, und es wird deutlich hervorgehoben, was für uns wichtig ist: Nutzt eure Lebenszeit, versteht, was Gott will, seid voll vom Heiligen Geist! Wie? „[…] ***indem*** *ihr zueinander in Psalmen und Lobliedern und* ***geistlichen Liedern*** *[in Sprachen singend] redet und dem Herrn mit eurem Herzen singt und spielt! Sagt allezeit für alles dem Gott und Vater Dank im Namen unseres Herrn Jesus Christus!*

Betrachten wir nun ein weiteres Thema, was oftmals Fragen aufwirft.

6.2. Der Heilige Geist und Manifestationen

Bist du es, Heiliger Geist?

In der praktischen Hinführung zur Geistestaufe habe ich erklärt, dass die Manifestation des Heiligen Geistes sehr still, aber auch sehr spektakulär ausfallen kann. Es geschieht oft, dass Menschen, wenn der Heilige Geist machtvoll auftaucht, zu Boden fallen, dass sie weinen, stark zittern oder ähnliche Phänomene erleben. Für manche stellt sich die Frage, weshalb das so ist und ob das wirklich mit dem Heiligen Geist zu tun hat.

Manifestationen können drei Quellen haben: Den Heiligen Geist, den Menschen oder den Feind. Um es an einem einfachen Beispiel zu verdeutlichen: Ich kenne Situationen, in welchen Menschen durch die Kraft des Heiligen Geistes stark gezittert haben. Das ist mir selbst auch schon passiert. Aber ich war auch schon in Gottesdiensten, wo manche Teilnehmer verunsichert waren, weil andere sichtbar von der Kraft Gottes ergriffen wurden, und sie selbst dann aus Verlegenheit ebenfalls angefangen haben zu zittern, um gefühlt nicht außen vor zu sein. Das ist natürlich nicht sinnvoll oder notwendig, aber ich denke, der Himmel schmunzelt über solche Situationen. Dann gibt es wiederum Momente, wo der Heilige Geist Menschen von dämonischen Bindungen befreit und Menschen aus diesem Grund zittern oder zu Boden fallen. Es kann auch sein, dass der unreine Geist ihnen Angst machen oder die Aufmerksamkeit auf sich ziehen, also vom Wirken Gottes ablenken möchte.

Hier zwei Bibelstellen, die einmal eine göttliche und einmal eine dämonische Manifestation aufzeigen:

„Und der Geist Gottes kam auch über ihn, und er ging einher in Verzückung, bis er nach Najot in Rama kam. Da zog auch er seine Kleider aus und war in Verzückung vor Samuel und fiel hin und lag nackt den ganzen Tag und die ganze Nacht" (1. Samuel 19,23–24; LU).

„Und da er zu ihm kam, riss ihn der Dämon zu Boden und zerrte ihn hin und her. Jesus aber bedrohte den unreinen Geist und machte den Knaben gesund und gab ihn seinem Vater wieder. Und sie entsetzten sich alle über Gottes große Macht" (Lukas 9,42–43; LU).

Ich denke, es ist sehr leicht zu unterscheiden, ob es sich um eine dämonische Manifestation oder den Heiligen Geist handelt. Die dritte Option ist, wie schon erwähnt, dass Menschen aus Unsicherheit oder dem Wunsch aufzufallen selbst etwas produzieren. In solch einem Fall macht es Sinn, mit dieser Person ins Gespräch zu kommen, die Gründe für ihr Verhalten herauszufinden und ihr dann aufzuzeigen, weshalb das nicht nötig ist, aber weshalb es auch nicht aufrichtig ist.

Echte, aber herausfordernde Manifestationen oder Handlungen des Geistes

Meiner Meinung nach besteht die viel größere Herausforderung in den echten Manifestationen und Handlungen des Heiligen Geistes, die uns aber ungewöhnlich, anstößig, sinnlos oder gar als Zumutung erscheinen. Vielleicht ist dies einer der wichtigsten Abschnitte dieses Buches. Denn wie oft hören wir Jesus sagen: *„Und glückselig ist, wer an mir keinen Anstoß nimmt!" (Matthäus 11,6; ELB).* Ein wenig moderner ausgedrückt: Glücklich, wer sich nicht über mich oder an mir ärgert.

Allein die oben genannte Bibelstelle aus dem Buch Samuel gibt uns schon zu denken. Saul lag also einen Tag und eine Nacht ohne Oberkleid unter der Krafteinwirkung des Heiligen Geistes auf dem Boden.

An Pfingsten, als die Volksmengen herbeigelaufen kamen, um die Ursache für das Brausen herauszufinden, kommen manche von ihnen zu der Schlussfolgerung: *„Sie entsetzten sich aber alle und waren ratlos und sprachen einer zu dem andern: Was will das werden? Andere aber hatten ihren Spott und sprachen: Sie sind voll süßen Weins" (Apostelgeschichte 2,12–13; LU).*

Das wäre wohl nicht unsere erste Reaktion, wenn wir Menschen eloquent in Fremdsprachen reden hören. Aus diesem Grund denke ich, dass auch in dieser Situation Momente von Verzückung auftraten, die manche zu der Vermutung kommen ließen, dass die Apostel wohl einen zu starken Frühschoppen zu sich genommen hatten. Wenn der Heilige Geist auftaucht, hat das den biblischen Berichten zufolge oftmals etwas sehr Dynamisches.

„Und als sie gebetet hatten, erbebte die Stätte, wo sie versammelt waren; und sie wurden alle vom Heiligen Geist erfüllt und redeten das Wort Gottes mit Freimut" (Apostelgeschichte 4,31; LU).

„Da Petrus noch diese Worte redete, fiel der Heilige Geist auf alle, die dem Wort zuhörten. Und die gläubig gewordenen Juden, die mit Petrus gekommen waren, entsetzten sich, weil auch auf die Heiden die Gabe des Heiligen Geistes ausgegossen wurde; denn sie hörten, dass sie in Zungen redeten und Gott hoch priesen. Da antwortete Petrus: Kann auch jemand denen das Wasser zur Taufe verwehren, die den Heiligen

Geist empfangen haben, ebenso wie wir? Und er befahl, sie zu taufen in dem Namen Jesu Christi" (Apostelgeschichte 10,44–48; LU).

Erdbeben, plötzliche Kühnheit, Geistestaufe mitten in der Predigt – es scheint, als würde sich der Heilige Geist nicht ans Protokoll halten. Die Hörer in Apostelgeschichte 10 waren zu diesem Zeitpunkt noch nicht einmal offiziell bekehrt, geschweige denn im Wasser getauft worden. Das hinderte Jesus jedoch nicht darin, sie im Heiligen Geist zu taufen. Es scheint so, als ob die Dreieinigkeit ein anderes Verständnis von Ordnung und korrekten Reihenfolgen hat.

Ich möchte uns deshalb stark ermutigen, nicht das Kind mit dem Bade auszuschütten. Nur weil etwas ungewohnt, ungeplant oder sogar etwas ungestüm daherkommt, heißt es nicht, dass es falsch oder nicht vom Herrn ist.

Der Zusammenhang von Wundern und Gehorsam

Ich möchte diese Gedanken von ungewöhnlichen Handlungen Gottes auf Wunder im Alten und Neuen Testament erweitern. Jesus sagt uns über die Wirksamkeit seines Dienstes: *„Da antwortete Jesus und sprach zu ihnen: Wahrlich, wahrlich, ich sage euch: Der Sohn kann nichts von sich aus tun, sondern nur, was er den Vater tun sieht; denn was dieser tut, das tut in gleicher Weise auch der Sohn" (Johannes 5,19; LU).*

Für mich bezieht sich diese Aussage nicht nur auf die einzelnen Taten, Werke und Wunder Jesu, sondern auch ganz konkret auf die Art und Weise, *wie* er Dinge getan und Wunder gewirkt hat. Gerade der Bereich Wunder ist engstens mit Gehorsam und Glaubensschritten verbunden. Die Bibel liefert uns Geschichte um Geschichte, die diese Aussage bezeugt. Hier nur ein kleiner Ausschnitt von ihnen, wer diese eindrücklichen Geschichten nicht kennt, lese sie erstmals oder erneut.

Altes Testament

- Teilung des Meeres durch Mose → seinen Hirtenstab heben *(2. Mose 14,15–16)*
- Fall der Mauern von Jericho → umrunden und brüllen *(Josua 6)*
- Sieg Gideons gegen eine Übermacht → Fackeln, Töpfe und Geschrei *(Richter 7)*
- Sieg Joschafats gegen eine Übermacht → Lobpreiser und Anbeter in die erste Reihe *(2. Chronik 20,20–23)*
- Bezahlen von Schulden → Krüge sammeln, damit ein kleiner Rest Öl alle neuen Krüge füllen kann *(2. Könige 4)*

Neues Testament

- Wasser zu Wein → 600 Liter Wasser schöpfen und Fässer befüllen *(Johannes 2)*
- Versorgung → nach erfolgloser Nachtschicht nochmal Netze auswerfen *(Lukas 5,1–11)*
- Tempelsteuer → Fisch fangen, im Maul wird Geld sein *(Matthäus 17,27)*
- Versorgung von ca. 10.000 hungrigen Menschen → in 50 Gruppen aufteilen und mit 5 Broten und 2 Fischen starten *(Markus 6,30–44)*
- Heilung von Blindheit → auf den Boden spucken und Brei mit Schlamm machen, dann auf die Augen auftragen *(Johannes 9,1–7)*

Ich könnte noch sehr lange so weiterschreiben. Aber vor allem der letzte aufgeführte Punkt hat es in sich. Stellen wir uns das einmal bei unserer evangelistischen Open-Air-Veranstaltung vor: Der Prediger spuckt auf den Boden, mischt einen Brei und trägt ihn dann einem blinden Zuhörer auf, der ihn vertrauensvoll um Hilfe gebeten hat. Ich sage das mit schwerem Herzen, aber selbst, wenn dieser Blinde danach sehen könnte, würden sich im Anschluss die christlichen Experten – bitte verzeiht den Ausdruck – das Maul darüber zerreißen, wie der Prediger sich so etwas erlauben konnte.

„Und glückselig ist, wer an mir keinen Anstoß nimmt!" (Matthäus 11,6; ELB). Was hätten sie wohl zu Jesus gesagt? Kann es sein, dass wir heute, gerade in der westlichen Welt, obwohl oftmals kraftlos und ohne Zeichen und Wunder in unseren Diensten, die Arroganz besitzen, so zu denken, zu reden und zu kommentieren? Sollten wir uns nicht lieber tief vor Gott demütigen und akzeptieren, dass das Wort aus Offenbarung 3 an die Gemeinde in Laodizea (auch) uns meint: *„Du sprichst: ‚Ich bin reich und habe mehr als genug und brauche nichts!' und weißt nicht, dass du elend und jämmerlich bist, arm, blind und bloß" (Offenbarung 3,17; LU).*

Ein Ruf zur Umkehr

Mit Verlaub, aber ich empfinde hier einen Ruf zur Umkehr, einen Ruf zur Demut und zum Aufwachen. Die westliche Kirche ist vielfach kraftlos, ohne vollmächtiges Geisteswirken, weil sie die Wege des Geistes nicht erkennt, erkennen kann oder erkennen will. Die Wege des Geistes sind oftmals ein Affront, ein Ärgernis für unseren Verstand, für unsere Menschengefälligkeit und unseren Intellektualismus! Wir haben so ein Verlangen danach, in den Augen der Welt –

und manchmal auch in den geistlichen Kreisen, in denen wir uns bewegen – eloquent zu wirken, dass wir uns davor scheuen, stigmatisiert zu werden, wenn wir uns auf die teils ungewöhnlichen Wege des Geistes einlassen.

Liebe Brüder und Schwestern, nun mal ganz pathetisch: Gott hat die Torheit des Kreuzes gewählt, um uns zu retten. Die Nachfolge in der Kraft des Heiligen Geistes ist auch ein Kreuz, das es auf sich zu nehmen gilt. Das Anbiedern an den Wunsch, relevant und gebildet zu wirken, hat sowohl in der jungen wie auch in der alten Kirchengeschichte die Kraftwirkungen Gottes nicht nur verhindert, sondern auch falschen Kräften Tür und Tor geöffnet *(Lukas 6,1–11)*. Ich sage es deutlich: keine Kraftwirkungen ohne Gehorsamsschritte! Gehorsamsschritte, die im Natürlichen oftmals anstößig wirken.

Tu es auch hier bei uns!

In meinem Ringen mit Gott, warum uns oftmals die Kraftwirkungen Gottes fehlen, obwohl dies unser klarer biblischer Auftrag ist, gebrauchte der Heilige Geist eine Begebenheit aus dem Lukasevangelium, um mir durch diese konkrete Geschichte eine tiefere geistliche Wahrheit zu zeigen.

Jesus ist in seiner Heimatstadt und prophezeit seinen Mitbürgern, dass der Tag kommen wird, an dem sie ihn auffordern werden, auch solche großen Wunder bei ihnen zu wirken, wie er es in anderen Städten getan hat, z. B. in Kapernaum. *„Denn wie große Dinge haben wir gehört, die in Kapernaum geschehen sind! Tu so auch hier in deiner Vaterstadt!" (Lukas 4,23; LU).*

Jesus gibt in eine interessante Antwort, die ich im ersten Augenblick nicht verstanden habe: *„Aber wahrhaftig, ich sage euch: Es waren* *viele Witwen in Israel zur Zeit des Elia, als der Himmel verschlossen war drei Jahre und sechs Monate und eine große Hungersnot herrschte im ganzen Lande, und zu keiner von ihnen wurde Elia gesandt als allein nach Sarepta im Gebiet von Sidon zu einer Witwe. Und viele Aussätzige waren in Israel zur Zeit des Propheten Elisa, und keiner von ihnen wurde rein als allein Naaman, der Syrer" (Lukas 4,25–27; LU).*

Zuerst dachte ich, Jesus würde in etwa sagen: „Wisst ihr, viele Leute haben Probleme, das war schon immer so, bei Elia und Elisa auch, aber im Endeffekt haben eben nur wenige die Chance, mit der Kraft Gottes in Kontakt zu kommen und Wunder zu erleben!" Aber im Kontext der Bibel und vor allem des Dienstes Jesu konnte dies nicht die Antwort sein! Ich bat den Heiligen Geist, zu mir zu sprechen. Den Ruf der Bürger von Nazareth konnte ich so gut nachvollziehen: *„Denn wie große Dinge haben wir gehört, die in Kapernaum geschehen sind! Tu so auch hier […]!"* „Das, was du in Afrika, Asien und den Untergrundgemeinden wirkst, tu es auch bei uns! Das, was wir in der Bibel oder Kirchengeschichte an Wundern hören, wirke es auch unter uns!" Aber was meinte Jesus mit seiner Antwort?

Eines Tages öffnete der Heilige Geist mir dann die Augen, es war, als ob er mir zuflüsterte: „Du willst erleben, was sie erlebt haben? Dann sei wie die Witwe, sei wie Naaman!" Da konnte ich es augenblicklich verstehen: Wunder sind durchaus verfügbar, aber nur die Witwe und Naaman sind die angebotenen Schritte gegangen, obwohl sie so leicht Anstoß hätten nehmen können. Aber sie taten es nicht und darum haben sie ihr Wunder erlebt.

Schauen wir uns die Geschichten kurz an.

Die Witwe im Fall von Elia hat während einer Hungersnot kaum noch etwas zu essen. Der Prophet Elia wird von Gott zu ihr gesandt und trägt ihr, der Hilfsbedürftigen, Folgendes auf: „*Und als sie hinging zu holen, rief er ihr nach und sprach: Bringe mir auch einen Bissen Brot mit! Sie sprach: So wahr der HERR, dein Gott, lebt: Ich habe nichts Gebackenes, nur eine Handvoll Mehl im Topf und ein wenig Öl im Krug. Und siehe, ich habe ein Scheit Holz oder zwei aufgelesen und gehe heim und will's mir und meinem Sohn zubereiten, dass wir essen – und sterben. Elia sprach zu ihr: Fürchte dich nicht! Geh hin und mach's, wie du gesagt hast. Doch mache zuerst mir etwas Gebackenes davon und bringe mir's heraus; dir aber und deinem Sohn sollst du danach auch etwas backen. Denn so spricht der HERR, der Gott Israels: Das Mehl im Topf soll nicht verzehrt werden, und dem Ölkrug soll nichts mangeln bis auf den Tag, an dem der HERR regnen lassen wird auf Erden“ (1. Könige 17,11–14; LU).*

Es ist nicht schwer, das Anstößige auszumachen. Sie, die Witwe, soll erstmal ihm, dem Propheten, etwas zu essen machen. Im Anschluss kann sie dann für sich selbst und ihren Sohn kochen. Aber es gibt auch eine Verheißung, eine himmlische Zusage: „Wenn du dies tust, wirst du anschließend keinen Mangel haben!“ Man kann das Dilemma kaum besser beschreiben. Auf der einen Seite steht eine Zusage Gottes, auf der anderen Seite wartet ein Glaubensschritt, der einen herausfordert und – bitte aufmerken –, der uns auch ärgern oder piksen kann. Warum sollte Elia denn zuerst essen? Es gibt keine logischen, nur falsche fromme Antworten auf diese Frage. Aber was anhand dieser Geschichte wieder einmal deutlich wird ist: Es ist einfach eine Tatsache, dass Kraft- und Wunderwirkungen engstens mit Glauben und Glaubensgehorsam in Verbindung stehen.

Überwältigt von Kraft

Vor Jahren hatten wir einen Gastsprecher bei uns und während der Lobpreiszeit sah ich mich vor meinem inneren Auge immer wieder mittig vor der Bühne kniend. Ich bin dieses innere Bedürfnis einfach nicht losgeworden. Es gab keinen natürlichen Grund, warum ich das hätte machen sollen, außer diesem Gefühl, dass der Heilige Geist mich aufforderte, genau diesen Schritt zu gehen. Im Endeffekt habe ich alle Zweifel einfach über Bord geworfen (*Was denken die Leute? Was denkt der predigende Gastsprecher? Das macht doch keinen Sinn!*) und bin einfach mittig vor der Bühne auf die Knie gegangen. Ich war noch nicht ganz auf dem Boden angekommen, als eine Kraft mich wie ein Blitz traf und etwas wie Elektrizität und Feuer durch mich strömte bis in die Fingerspitzen. Meine Lippen vibrierten, mein ganzer Körper bebte – ich war von Kopf bis Fuß eingehüllt vom Heiligen Geist. Niemand hatte mir Hände aufgelegt, niemand für mich gebetet, es war einfach eine souveräne Berührung vom Herrn, nachdem ich auf seine Stimme reagiert hatte.

Noch stundenlang spürte ich die „Nachwehen" und die Gegenwart Gottes. Ich wusste nicht genau, was geschehen war, aber ich wusste, dass der Herr etwas getan hatte. Einige Wochen später bemerkte ich, dass ein gewisses Lebensgefühl, was sehr müßig war, plötzlich nicht mehr da war. Ich konnte mich zwar daran erinnern, aber es hatte keine Kraft mehr und stellte keine echte Bedrohung mehr dar. Ich denke, an diesem Tag ist mehr passiert, aber das war eine konkrete Auswirkung meines Gehorsamsschrittes.

Wenn wir Wunder erleben wollen, dann müssen wir lernen und willig sein, auf die Hinweise, Impulse und Anordnungen des Heiligen Geistes zu reagieren. Egal, ob sie Sinn machen, ob sie uns herausfordern, beschämen, piksen oder was auch immer. Ohne Glaubensgehorsam gibt es kaum oder vielleicht sogar eher gar keine Kraftwirkungen.

Ich möchte deutlich machen, dass diese Schritte nüchtern betrachtet meistens nicht wirklich schwierig oder schmerzhaft sind. Die größte Herausforderung besteht lediglich darin, das Reden Gottes erst einmal zu erkennen und ihm dann eben auch Folge zu leisten – auch wenn es erfordert, dass wir unsere Menschengefälligkeit und unser Bestreben nach einem logischen Verstehen ablegen.

Für diejenigen, die darin wachsen wollen, gibt es nur die Möglichkeit, es einfach immer wieder auszuprobieren, um im Hören und Handeln immer sicherer zu werden. Aber auch nach Jahren bleibt ein Restrisiko bestehen.

Zittern, Fallen und andere Äußerlichkeiten

Wie man anhand der verschiedenen Berichte sieht, ist es sehr wichtig, dass wir uns nicht von Äußerlichkeiten verunsichern lassen. Der Heilige Geist, voller Liebe, Güte und Barmherzigkeit, ist eben auch voller Weisheit, Kraft und Vollmacht. Er wirkt oftmals anders, als wir es erwarten, und so sehr ich den alten Satz verstehe, „Der „Heilige Geist ist ein Gentleman“, würde ich ihn dennoch nicht immer unterschreiben. Der Heilige Geist ist vor allem Gott und tut, was er will *(vgl. Psalm 135,6).*

Für mich persönlich ist es heute nicht mehr schwer zu verstehen, weshalb Menschen umfallen, weinen, zittern, schreien, lachen oder auch einfach ganz friedvoll und glücklich an ihrem Platz stehen oder sitzen, wenn der Heilige Geist sie berührt oder sie im Geist getauft werden. Die Kraft Gottes ist eine reale Kraft, die menschliche Körper und Herzen anrührt, da kann es schon zu außergewöhnlichen Reaktionen kommen. Daniel, Johannes und andere biblische Personen sind ebenfalls emotional und körperlich überwältigt, wenn sie mit dem Übernatürlichen konfrontiert werden und zum Beispiel Engeln oder (dem auferstandenen) Jesus begegnen.

„Aber ich, Daniel, sah dies Gesicht allein, und die Männer, die bei mir waren, sahen's nicht; doch fiel ein großer Schrecken auf sie, sodass sie flohen und sich verkrochen. Ich blieb allein und sah dies große Gesicht. Es blieb aber keine Kraft in mir; jede Farbe wich aus meinem Antlitz und ich hatte keine Kraft mehr. Und ich hörte seine Rede; und während ich sie hörte, sank ich ohnmächtig auf mein Angesicht zur Erde. Und siehe, eine Hand rührte mich an und half mir auf die Knie und auf die Hände, und er sprach zu mir: Daniel, du von Gott Geliebter, merk auf die Worte, die ich mit dir rede, und richte dich auf; denn ich bin jetzt zu dir gesandt. Und als er dies mit mir redete, richtete ich mich zitternd auf" (Daniel 10,7–11; LU).

„Und als ich ihn sah, fiel ich zu seinen Füßen wie tot; und er legte seine rechte Hand auf mich und sprach: Fürchte dich nicht! Ich bin der Erste und der Letzte und der Lebendige. Ich war tot, und siehe, ich bin lebendig von Ewigkeit zu Ewigkeit und habe die Schlüssel des Todes und der Hölle. Schreibe, was du gesehen hast und was ist und was geschehen soll danach" (Offenbarung 1,17–19; LU).

Ich möchte an dieser Stelle noch einmal eindringlich darum werben, dass wir nicht zuerst anhand von äußeren Faktoren prüfen, ob etwas von Gott gewirkt ist oder nicht. Erscheint etwas ungewöhnlich, unpassend, störend oder beschämend?! Jedes der genannten Beispiele würde durch unser Raster fallen. Johannes, der etwas Wichtiges aufschreiben soll, fällt wie tot zu Boden, der schon gepeinigte blinde Mann bekommt einen Brei aus Schlamm und Speichel auf die Augen, hohe Stadtmauern sollen durch Umwanderung fallen – immer wieder, wenn der Heilige Geist in der Bibel oder in der alten und jungen Kirchen- und Erweckungsgeschichte auftaucht, gibt es ungewöhnliche Manifestationen und Handlungen.

Prüfet alles – aber wie?

Ich empfehle zwei Kriterien: Erstens, dass wir alles anhand von Gottes Wort prüfen. Genau das habe ich im letzten Abschnitt gemacht. Wohlgemerkt: Wir werden nicht jedes Phänomen, nicht jeden Impuls in der Bibel finden. Johannes lässt uns wissen: *„Es sind noch viele andere Dinge, die Jesus getan hat. Wenn aber eins nach dem andern aufgeschrieben werden sollte, so würde, meine ich, die Welt die Bücher nicht fassen, die zu schreiben wären" (Johannes 21,25; LU).*

Das heißt, es darf vor allem dem Wort Gottes und der darin enthaltenen Offenbarung nicht widersprechen.

Das andere Kriterium, um etwas zu prüfen, ist ganz einfach die Frucht. Hier macht es Sinn, nicht voreilig zu sein: *„An ihren Früchten sollt ihr sie erkennen. Kann man denn Trauben lesen von den Dornen oder Feigen von den Disteln? So bringt jeder gute Baum gute Früchte; aber ein fauler Baum bringt schlechte Früchte. Ein guter Baum kann nicht schlechte Früchte bringen und ein fauler Baum kann nicht gute Früchte bringen" (Matthäus 7,16–18; LU).*

„Da traten die Knechte des Hausherrn hinzu und sprachen zu ihm: Herr, hast du nicht guten Samen auf deinen Acker gesät? Woher hat er denn das Unkraut? Er sprach zu ihnen: Das hat ein Feind getan. Da sprachen die Knechte: Willst du also, dass wir hingehen und es ausjäten? Er sprach: Nein, auf dass ihr nicht zugleich den Weizen mit ausrauft, wenn ihr das Unkraut ausjätet. Lasst beides miteinander wachsen bis zur Ernte […]" (Matthäus 13,27–30; LU).

Welche Frucht sieht man im Leben einer Person? Allgemein gesprochen: Ist es eine Jesus liebende, hingegebene Person, eingebunden in gesunde Beziehungen, die auf ihrem Weg wächst? Und dann ganz konkret: Wie ist die Frucht einer bestimmten Berührung mit dem Heiligen Geist? Ich betete einmal für eine Frau, die begann, lautstark zu schreien, zu weinen und sich zu winden. Zuvor hatte ich etwas prophetisch wahrgenommen und konnte sie dadurch mit einer Lüge konfrontieren, die sie über sich glaubte. Von außen sah das gewiss sehr dynamisch und für manche ungewöhnlich aus. Die Auswirkung dieser Begegnung mit dem Heiligen Geist war die emotionale Freisetzung eines tiefen Schmerzes und Befreiung von einem tiefen Ärger. Die Frucht war Frieden und Freude.

Ich weiß von einer Person, die, als man für sie betete, unter der Kraft Gottes zu Boden fiel und dort über längere Zeit zitternd lag. Als die Person aufstand, war ein lebenslanges Trauma verschwunden, da sie auf dem Boden eine intensive Begegnung mit der Liebe Gottes hatte. Ein anderer, der ebenfalls zu Boden ging, stand auf und hatte mehrere Visionen, in denen er sah, zu was Gott ihn berufen hatte. Er steht heute in einem weltweiten Reisedienst, der geprägt ist von Zeichen und Wundern. Wieder eine andere Person erlebte eine eindringliche Korrektur der eigenen Lebensführung. Eingebettet in Liebe, aber tief überführend und Augen öffnend war diese Begegnung für sie.

Manchmal ist die Frucht unmittelbar zu erkennen und Personen bezeugen direkt, was der Heilige Geist in ihrem Leben getan hat, wie sie heil oder frei wurden. In anderen Fällen muss man Zeit ins Land gehen lassen. Dies gilt für das eigene Leben, aber auch, wenn wir Bewegungen und geistliche Aufbrüche beurteilen. Manches muss erst zur Reife kommen, „[…], *dass ihr nicht zugleich den Weizen mit ausrauft, wenn ihr das Unkraut ausjätet" (Matthäus 13,29; LU).*

Könnte Gott diese Dinge auch anders wirken? Bestimmt, aber wir sehen mit überwältigender Kontinuität, dass er außergewöhnlichen Wegen nicht abgeneigt ist. Wenn wir uns danach sehnen, die Kraft Gottes in unseren Breitengraden und unserem Alltag mehr zu erleben, dann müssen wir dieser Wahrheit in die Augen schauen und das, was uns im Wege steht, ehrlich betrachten und mit dem Herrn besprechen.

Ich möchte dieses Kapitel mit weiteren Dingen beenden, die zu den großen Hindernissen gehören können, wenn es darum geht, vom Heiligen Geist zu empfangen.

6.3. Wenn der Blick auf Menschen Gottes Wirken hindert

Hör auf, zu kritisieren!

Vor Jahren bekam ich mit, dass der Heilige Geist sich in einer Gemeinde auf ganz besondere Art und Weise bewegte. Bis heute empfinde ich es als wichtig, dass unser geistlicher Hunger groß genug ist, dass wir solche speziellen Orte besuchen und diese Zeiten nicht verpassen. (Wer keinen Hunger hat, bitte Gott um Erbarmen und bekenne sein Problem – siehe Offenbarung 3,14ff – und Gott wird Hunger schenken!)

Für uns als Ehepaar war jedenfalls klar, dass wir diese Gemeinde besuchen wollten. Da es sich um eine Auslandsreise handelte und eines unserer Kinder noch keinen Reisepass hatte, konnte jedoch leider nur ich die Reise antreten. Dennoch war es ein riesiger Glaubensschritt, da wir zum damaligen Zeitpunkt nur eine geringfügige Anstellung hatten und jede Investition im Glauben tätigen mussten. Doch der Heilige Geist lockte uns und so fand ich mich nach einer langen Reise abends das erste Mal in einem Gottesdienst der besagten Gemeinde.

Der Prediger war ganz anders, als ich ihn mir vorgestellt hatte. Dazu war er mir viel zu laut, zu oberflächlich, zu plakativ. Ich fühlte mich entsetzlich. All das Geld, die Zeit, aber auch die Anstrengung, die meine Frau auf sich genommen hatte, um mir diesen Ausflug zu ermöglichen … wofür? Ich musste mich verhört haben. Das war nichts Besonderes, ich spürte nur Ärger und kein bisschen die Gegenwart Gottes. Am nächsten Morgen wusste ich nicht, was ich jetzt tun sollte. Ich betete und erzählte Gott sehr offen meinen ganzen Frust. Innerlich vernahm ich plötzlich einen Satz in Englisch: „Stop critisizing!“ Auf Deutsch: „Hör auf zu kritisieren!“

Ich war baff. Was war das für eine Ansage? Sie klang nicht sehr diplomatisch, und es wirkte auch nicht so, als gäbe es noch viel Raum für Diskussion. Innerlich spürte ich ein „Aber …!“ und meine ganzen Argumente wollten genannt werden. Doch ich kannte den Heiligen

Geist zu diesem Zeitpunkt schon gut genug, dass ich mir eigentlich sicher war, dass es sich um seine Stimme handelte. Dann wollte ich auch umsetzen, was er sagte. Ich bat Gott um Verzeihung für meinen Unglauben und mein Kritisieren, dankte ihm für die Möglichkeit dieser Reise und für die gefundene Übernachtungsmöglichkeit und drückte ihm meinen Hunger und meine Sehnsucht aus.

Etwa zwei Stunden später startete ein nächster Gottesdienst. Es war eine völlig andere Atmosphäre. Die Luft war geladen mit Gottes Gegenwart, ich spürte Freude, Erwartung und Frieden. Was war geschehen? Ich verstand, dass nicht der Ort oder andere Personen sich verändert hatten, sondern *ich* hatte etwas geändert: meine Haltung. Ich begann, Gott anzubeten, und in der kommenden Woche sollte ich einige Zeichen und Wunder und Momente der Herrlichkeit Gottes erleben, wie ich sie seitdem in dieser Vollmacht nicht mehr gesehen habe. Das sollte eine meiner wichtigsten Lektionen werden.

Lass deine Vorurteile los – und dich auf die Menschen ein!

Wir stolpern zu oft über Äußerlichkeiten und Menschen, die wir nicht wirklich kennen. Vielleicht gefällt uns ihr Predigtstil nicht, vielleicht ihre Lautstärke, ihr Kulturkreis oder ihre Frisur. Manchmal ist uns ihre Uhr zu golden und der Anzug zu weiß. Bei manchen haben wir gehört, wie groß ihr Haus ist und bei einem nächsten, dass er in der Vergangenheit gefallen ist. Während ich diese Schlagworte so aufschreibe, höre ich förmlich die Gegenstimmen.

Ich spreche hier ausdrücklich nicht von offenbarter und weiter ausgelebter Sünde im Leben eines Menschen. Wenn dies der Fall ist, dann gehe ich davon aus, dass Älteste im Leib Christi diese Dinge thematisieren und sie offenbar sind.

Nein, ich rede zum einen davon, dass es wichtig ist, dass wir von Menschen empfangen können, selbst wenn sie Fehler gemacht haben (oder, um einen Prediger zu zitieren: Reißt du das Buch der Sprüche aus der Bibel, weil Salomo gescheitert ist?). Voraussetzung ist natürlich, dass die Personen dafür Verantwortung übernommen haben. Aber es ist wichtig, dass wir uns vor Augen führen, dass Gott einen David mit großer Leidenschaft gebraucht hat, obwohl (und auch nachdem) er bitter gescheitert war *(2. Samuel 11–12)*. Und er wählte auch einen Petrus als leitende Person in der neuen Kirche, obwohl jeder wusste, dass er sich nicht mit Ruhm bekleckert und den Herrn verleugnet hatte *(vgl. Matthäus 26)*.

Zum anderen geht es mir darum, dass es nicht unsere Aufgabe ist, das Leben eines anderen in einer falschen Art zu beurteilen. Judas ärgerte sich darüber, dass Maria Öl im Wert eines Jahresgehaltes über Jesus ausgoss. Sein Argument, dass man dieses Geld für die Armen hätte verwenden können, war sehr fromm, aber er war ein Dieb und stahl heimlich Geld aus der Missionskasse *(vgl. Johannes 12,1–8)*. Manche stolpern über die goldene Uhr, wissen aber nicht, wie großzügig und selbstlos die Person eigentlich lebt. Durch den Propheten Samuel sagt Gott: *„Ein Mensch sieht, was vor Augen ist; der HERR aber sieht das Herz an (1. Samuel 16,7; LU)*.

Uns irritieren manchmal Dinge, an denen sich Gott überhaupt nicht stößt. Ich kenne einige Personen, die intime Freunde des Heiligen Geistes sind, die mich aber von ihrer Art her eher befremdet haben. Heute verstehe ich, dass dieses äußere Beurteilen ein großes Hindernis ist, um zu empfangen. Wenn ich nur am Analysieren bin oder innerlich auf Distanz gehe, weil ich etwas nicht mag oder eine Person richte (z. B. „die Person gibt ihr Geld aber falsch aus“, um im

Bild der Uhr zu bleiben), dann ist es fast unmöglich, dass ich durch diesen Mensch, den der Heilige Geist gebraucht, gesegnet werde.

Ich kann mir vorstellen, dass es für den einen oder anderen auch wichtig ist, alte, übernommene Vorurteile gegenüber theologischen Strömungen oder bestimmten Predigern einmal bewusst zu hinterfragen, anhand der genannten Kriterien (Wort Gottes, Früchte etc.) zu prüfen und ggf. die eigene Meinung zu ändern.

Ich jedenfalls bin froh, dass der Heilige Geist mich damals auf meiner Reise deutlich korrigiert hat. Ich konnte empfangen und als ich nach Hause kam, betete ich für jemanden in unserer Kleingruppe und erlebte das erste Mal, wie nur durch Handauflegen jemand von einem jahrelangen Handicap befreit wurde. Das wurde durch den „zu lauten, oberflächlichen, zu plakativen Prediger“ in meinem Leben freigesetzt.

7. DIE GABEN DES GEISTES

7.1. Wichtige Grundlagen

Nachdem wir einige Hindernisse aus dem Weg geräumt haben, möchte ich im vorletzten Kapitel des Buches noch einmal in Kurzform die neun übernatürlichen Gaben des Geistes beschreiben, wie sie von Paulus in 1. Korinther 12 aufgelistet sind. Zuvor einige wichtige Informationen: Wir erinnern uns, dass der Heilige Geist in Kraft auf uns kommt, damit wir effektiv bezeugen können, wer Jesus ist und dass er lebt, regiert und gestern, heute und in Ewigkeit derselbe ist *(vgl. Hebräer 13,8).*

Wir sollen wie Jesus die Kranken heilen, Dämonen austreiben, Tote auferwecken, Menschen ermutigen, trösten und ihnen zeigen, dass Gott sie kennt und sie liebt. Als einige Männer in Ephesus die Taufe im Heiligen Geist empfingen, geschah Folgendes: *„Als sie es aber gehört hatten, ließen sie sich auf den Namen des Herrn Jesus taufen; und als Paulus ihnen die Hände aufgelegt hatte, kam der Heilige Geist auf sie, und sie redeten in Sprachen und weissagten. Es waren aber insgesamt etwa zwölf Männer" (Apostelgeschichte 19,5–7; ELB).*

Sie begannen nicht nur in neuen Sprachen zu reden, sondern sie begannen zu prophezeien, eine der neun Geistesgaben. Wir können daraus schließen, dass die Geistestaufe die Freisetzung von Geistesgaben beinhaltet (wenn auch nicht exklusiv).

Die Geistesgaben sind …

- übernatürliche Befähigungen des Heiligen Geistes, die uns ermöglichen, Gottes Herz zu demonstrieren. Zum Beispiel wird durch die Gabe der Heilungen sichtbar, dass Gott es liebt zu heilen. Prophetie zeigt Menschen, dass er über ihre Zukunft Bescheid weiß und mit ihnen gerne darüber spricht. Paulus schreibt, dass diese Gaben zu unserem Nutzen da sind *(vgl. 1. Korinther 12,7).*
- Das griechische Wort, welches für Gabe verwendet wird, Charisma (χάρισμα), beinhaltet die Bedeutungen „Geschenk", „Befähigung", „unverdient" und auch „Freude" klingt mit an. Geistesgaben können nicht verdient oder gekauft werden. Sie sie sind ein unverdientes Geschenk, und sie befähigen uns, übernatürliche Dinge zu tun.
- Der Heilige Geist verteilt sie, wie es ihm gefällt *(vgl. 1. Korinther 12,11).*
- Und dennoch dürfen und sollen wir uns nach größeren ausstrecken *(vgl. 1. Korinther 12,31).* In meinem Leben habe ich verschiedene Menschen gesehen, die in unterschiedlichen Gaben gedient haben. Sie haben mich oftmals sehr inspiriert, was dazu geführt hat, dass ich Gott gebeten habe, mir dieses oder jenes auch zu schenken. Gott hat darauf reagiert und ich erlebe eine konstante Zunahme und Erweiterung der Gaben, in denen ich diene. Wir dürfen an dieser Stelle und überhaupt wie die Kinder sein *(vgl. Matthäus 18,1–5).*

Du darfst auf dem Weg sein

Zu den wichtigen Grundlagen gehört ebenfalls die Tatsache, dass wir nicht erst perfekt sein müssen, bevor uns Gott auf besondere Art und Weise gebraucht. In gewisser Weise ist das klar, aber dennoch erlebe ich oft, wie Menschen noch viel zu viel mit sich selbst, dem Hinterfragen ihren Motivationen und anderen Unvollkommenheiten beschäftigt sind. Es ist jedoch eine subtile Form des Stolzes, wenn man sich permanent um sich selbst dreht, sich analysiert und versucht zu verändern. Jesus hat das gute Werk begonnen und er wird es auch vollenden *(vgl. Philipper 1,6)*! Ich erinnere an den Abschnitt über den Heiligen Geist und Gerechtigkeit, in dem ich beschrieben habe, wie der Heilige Geist uns heiligt und transformiert – durch *seine,* nicht durch unsere Kraft. Petrus beschreibt Demut auf folgende Art und Weise: *„<u>Demütigt euch</u> nun unter die mächtige Hand Gottes, damit er euch erhöht zur rechten Zeit, <u>indem</u> ihr alle eure Sorge auf ihn werft! Denn er ist besorgt für euch" (1. Petrus 5,6–7; ELB).* Es ist Demut, meine Sorgen, Nöte und Unvollkommenheiten auf Gott zu werfen.

Und es ist schwer, größere Geistesgaben zu empfangen und sich gleichzeitig permanent selbst in Frage zu stellen. Jakobus sagt: *„Er bitte aber im Glauben und zweifle nicht; denn wer zweifelt, der gleicht einer Meereswoge, die vom Winde getrieben und aufgepeitscht wird. Ein solcher Mensch denke nicht, dass er etwas von dem Herrn empfangen werde" (Jakobus 1,6–7; LU).* Herzliche Einladung, wie ein Kind zu sein! Meine Kinder bitten frei aus ihren Herzen heraus – echt und unkompliziert. Sie grübeln nicht über die Frage, ob ihre Motivation stimmt, ob das Geschenk zu groß ist, geschweige denn, ob sie gut genug sind.

Auch wenn wir das Leben der Jünger betrachten, dann sehen wir echte Typen und Charaktere. Sie streiten, wer der Größte unter ihnen sei, sie ärgern sich über andere Prediger, die nicht Teil ihrer Truppe sind, und sie überlegen, ob sie Feuer auf ein Dorf fallen lassen sollen, dass ihnen keine Transitbescheinigung ausstellen wollte *(Lukas 9,51–55)*. Jesus liebt seine Freunde und er gebraucht sie mächtig im Bereich von Zeichen und Wundern und das, obwohl sie zweifellos noch ein gutes Stück Weg vor sich hatten.

Sehr eindrücklich habe ich das erlebt, als eine Frau in einem unserer Gottesdienste ihr Leben Jesus übergab. Wir beteten mit ihr auch für die Taufe im Heiligen Geist. Schon in den ersten Nächten erlebte sie wunderschöne, prophetische Träume. Es wurde schnell deutlich, dass sie eine besondere prophetische Gabe besitzt. So erleben wir es oft: Geistesgaben sind Geschenke und frisch Bekehrte können plötzlich gewaltige Dinge erleben. Das heißt nicht, dass es nicht noch viel zu lernen gibt, auch im Bereich der konkreten Gabe, aber es ist ein klares Kennzeichen dafür, dass Geistesgaben keine Orden für besonders heilige oder verdiente Christen sind.

Betrüb den Wunderbaren nicht – und gib ihm Raum

Gott liebt Aufrichtigkeit. Auf dem Weg sein ist normal. Gleichzeitig haben wir es mit einer wunderbaren Person, dem Heiligen Geist, zu tun. Jede Beziehung lebt davon und wächst, wenn man einander kennenlernt, sich aufeinander einlässt und den anderen nicht verletzt oder traurig macht. So gibt es auch Dinge, die den Heiligen Geist betrüben. Paulus widmet diesen Bereichen ganze Kapitel. Gott lieben bedeutet, seine Worte zu hören und sie zu halten, so lesen wir es unter anderem in *Johannes 14,23*. Das Wort *„halten“*, das wir hier im Urtext finden, bedeutet zuerst bewahren, festhalten, sich vor Augen halten. Also in erster Linie ein Bejahen und ehren dieser Worte. Daraus resultiert dann, dass man so leben kann, also Gottes Worte und

Gebote „halten“ kann. Genau, wie wir es gelernt haben: Wir schauen auf ihn, und er verwandelt uns! *(vgl. 2. Korinther 3,18).* Ich möchte hier nur einige Verse nennen, aber es lohnt sich, die angegebenen Kapitel zu lesen und die Beziehung zum Heiligen Geist dabei im Auge zu haben.

„Darum legt die Lüge ab und redet die Wahrheit, ein jeder mit seinem Nächsten, weil wir untereinander Glieder sind. Zürnt ihr, so sündigt nicht; lasst die Sonne nicht über eurem Zorn untergehen und gebt nicht Raum dem Teufel. Wer gestohlen hat, der stehle nicht mehr, sondern arbeite und schaffe mit eigenen Händen das nötige Gut, damit er dem Bedürftigen abgeben kann. Lasst kein faules Geschwätz aus eurem Mund gehen, sondern redet, was gut ist, was erbaut und was notwendig ist, damit es Gnade bringe denen, die es hören. ***Und betrübt nicht den Heiligen Geist Gottes,*** *mit dem ihr versiegelt seid für den Tag der Erlösung. Alle Bitterkeit und Grimm und Zorn und Geschrei und Lästerung seien fern von euch samt aller Bosheit. Seid aber untereinander freundlich und herzlich und vergebt einer dem andern, wie auch Gott euch vergeben hat in Christus“ (Epheser 4,25–32; LU).*

Weitere Kapitel zum Nachlesen wären: *Epheser 5,1–20; Galater 5,1–26; 1. Korinther 6,9–20; Römer 12,1–2; Offenbarung 22,11.*

In gewisser Hinsicht gehört zum Betrüben des Heiligen Geistes auch, dass wir ihn dämpfen, indem wir ihm nicht genug Raum geben. Paulus schreibt an die Gemeinde in Thessaloniki: *„Den Geist löscht nicht aus“ (unterdrückt nicht, dämpft nicht; 1. Thessalonicher 5,19; LU)!* Der Heilige Geist möchte in unserem Leben, in unseren Treffen,

Hauskreisen und Versammlungen, den Raum einnehmen können, der ihm gebührt.

Eine der viel zitierten Bibelstellen kann auch anders übersetzt werden: *„Der Herr ist der Geist; wo aber der Geist des Herrn ist, da ist Freiheit“ (2. Korinther 3,17; LU)*. Man kann auch lesen: *„Wo der Geist Herr ist, da ist Freiheit!“* An den Orten, in den Zusammenkünften, in denen der Heilige Geist der Chef sein darf, da wird sich Freiheit für Menschen einstellen.

Hier ein paar wenige Worte, wie das praktisch aussehen kann:

- Es beginnt damit, dass nicht jedes Treffen, jedes Zusammenkommen zu eng und steif durchgetaktet sein sollte. Damit sage ich nicht, dass Planung, Struktur falsch ist, im Gegenteil, aber dass unsere Planung das unplanbare Wirken Gottes berücksichtigt.
- Man hat gelernt wahrzunehmen, wenn der Heilige Geist eine Kursänderung in einem Treffen durchführen will. Wir hatten einige Gottesdienste, für die ich eine wunderbare Predigt vorbereitet hatte, aber der Heilige Geist hatte begonnen, Menschen im Lobpreis tief zu berühren und so mächtig zu wirken. Mit meiner Predigt hätte ich das unterbrochen, wonach wir uns sehnen und was der Heilige Geist gerade schon tat.
- Den Heiligen Geist Chef sein lassen hat auch damit zu tun, seinen Impulsen zu folgen, wie ich es ausführlich im Abschnitt „Der Zusammenhang von Wundern und Gehorsam“ beschrieben habe, und ihn somit nicht zu dämpfen. Dann werden Wunder geschehen und Menschen Freiheit erleben. In einem Fall diente ich auf einer Konferenz im Ausland, als ich im Geist plötzlich eine weiße Decke an einer bestimmten Stelle im Gottesdienstraum sah. Ich wusste, dass der Heilige Geist Menschen von Unreinheit und

Pornographie übernatürlich befreien wollte. Dazu sollten sie sich an die betreffende Stelle im Raum stellen. Warum? Keine Ahnung, weil es der Heilige Geist eben so gesagt hat. Ein junger Mann, der dem Wirken des Geistes fragend gegenüberstand, wagte den Schritt. In dem Moment, in dem er die Stelle im Raum erreichte, fiel er unter der Kraft Gottes zu Boden und wurde wunderbar befreit. Später bezeugte er, dass etwas sein Innerstes verlassen hatte.

Es lohnt sich, den Heiligen Geist nicht zu betrüben, ihn nicht zu dämpfen und ihn immer besser kennenzulernen. Dadurch werden wir fähig, seine Gaben treu, beständig und effektiv einzusetzen. Mit diesen Wahrheiten im Hinterkopf (Geistesgaben sind geschenkt, unverdient, eine übernatürliche Befähigung, wir müssen nicht perfekt sein, um sie zu empfangen, gleichzeitig wollen wir den Heiligen Geist aufrichtig lieben und nicht betrüben) wollen wir uns nun die einzelnen Gaben anschauen.

7. 2. Die neun Gaben – konkret

Der Katalog von Paulus in 1. Korinther 12 ist interessant, da er einzelnen Gaben einen Namen gibt, aber keine explizite Beschreibung liefert, was sie genau sind. So sehen wir in der Kirchengeschichte, den verschiedenen Ausbildungsstätten, aber auch in der Literatur Unterschiede in ihrer jeweiligen Definition und Beschreibung. Ich versuche anhand des Wortes Gottes und meiner persönlichen Erfahrung, die einzelnen Gaben zu konkretisieren. Ich werde mit Erklärungen und Geschichten beschreiben, wie ich es jeweils erlebt, empfangen oder gehört habe. Gleichzeitig erhebe ich keinen Anspruch auf Vollkommenheit und bin immer gespannt, wenn andere zu anderen Schlüssen kommen.

Dann möchte ich noch erwähnen, dass es zu vielen Gaben ganze Bücher gibt, die die einzelnen Schwerpunkte noch präziser und ausführlicher erklären. Dies ist mir an dieser Stelle nicht möglich. Ich ermutige dich jedoch dazu, neben dem persönlichen Wagen, Ausprobieren und Wachsen weiterführende Literatur zu den eigenen Schwerpunkten zu lesen.

„Denn dem einen wird durch den Geist das <u>Wort der Weisheit</u> gegeben; einem anderen aber das <u>Wort der Erkenntnis</u> nach demselben Geist; einem anderen aber <u>Glauben</u> in demselben Geist; einem anderen aber <u>Gnadengaben der Heilungen</u> in dem einen Geist; einem anderen aber <u>Wunderwirkungen</u>; einem anderen aber <u>Weissagung</u>, einem anderen aber <u>Unterscheidungen der Geister</u>; einem anderen verschiedene <u>Arten von Sprachen</u>; einem anderen aber <u>Auslegung der Sprachen</u>" (1. Korinther 12,8–10; ELB).

Das Wort der Weisheit

Am Ende eines Gottesdienstes kam eine Person zum Gebet und bat um himmlischen Rat aufgrund ihrer Arbeitssituation. Normalerweise bete ich für Weisheit und Gottes klare Führung. In diesem Fall hatte ich ein deutliches Wort der Weisheit. Durch vorausgegangene Gespräche wusste ich, dass die Frau Probleme mit ihrer Vorgesetzten hatte und natürliche Weisheit könnte sein, jetzt nach mehrfach erfolglosen Gesprächen die Konsequenzen zu ziehen und die Kündigung einzureichen. So plante es unsere Gottesdienstbesucherin auch. Ich hörte deutlich, wie der Herr sie bat, nicht zu kündigen, sondern bewusst tiefer zu schauen und dem Konflikt nicht auszuweichen. Es war mir deutlich, dass der Herr etwas Entscheidendes in ihrem Herzen wirken wollte. An dieses Wort der Weisheit schloss sich ein prophetisches Wort (Zukunft) an. Der Herr würde die Situation wenden und ihr anschließend die Tür in eine berufliche Richtung öffnen, die sie sich sehr wünschte. Dieses Wort kam unerwartet für mich und für die betreffende Person ebenfalls. Es war nicht, was sie erwartet hatte oder was sie sich erhofft hatte, und es wühlte sie sehr auf. Ich bekam im Anschluss mit, dass sie sich auf dieses Wort dennoch eingelassen hatte, und einige Zeit später öffnete sich tatsächlich eine unerwartete berufliche Möglichkeit, die sie sehr begeisterte.

Ich würde sagen, das Wort der Weisheit ist u. a. eine klare Weisung des Heiligen Geistes, die zu guten Ergebnissen führt. Es muss dabei nicht unbedingt mit unserer natürlichen Weisheit übereinstimmen, es ist nicht die Frucht von Erfahrung, also kein weiser Tipp, sondern ein übernatürliches Wissen: Wenn du A tust, wird B geschehen. Ich persönlich ordne zum Beispiel Paulus' Ansage an seine Mitsegler als Wort der Weisheit ein.

Paulus war als Gefangener auf einem Schiff Richtung Rom, als sie in Seenot gerieten *(vgl. Apostelgeschichte 27)*. Zu einem Zeitpunkt war die Situation so bedrohlich, dass die Matrosen und Soldaten schlussfolgerten, es wäre das Beste, das Schiff zu verlassen und sich auf Beibooten ans Land zu retten. Paulus, der zuvor von einem Engel ein prophetisches Wort erhalten hatte *(V. 23–24)*, gibt nun ein Wort der Weisheit weiter: *„Wenn diese nicht auf dem Schiff bleiben, könnt ihr nicht gerettet werden" (V. 31; LU)*. Das sind keine natürlichen Abwägungen in einer Situation, sondern das ist eine übernatürliche Weisung: „Bleibt auf dem Schiff, dann werdet ihr gerettet!"

In der Bibel sehen wir immer wieder, dass Gott durch Träume spricht. Manche sind in ihrer Auslegung eindeutig. Andere sprechen in Bildern und Metaphern und es braucht ein Reden des Heiligen Geistes, um sie zu verstehen.

Joseph und Daniel sind zwei leitende Persönlichkeiten in höchsten Regierungsämtern, zu denen Gott oft in Träumen spricht, die sich aber auch darauf verstehen, Träume auszulegen. Ich verbinde auch diese Fähigkeit mit dem Wort der Weisheit. *„Und diesen vier jungen Männern, ihnen gab Gott Kenntnis und Verständnis in jeder Schrift und Weisheit; und Daniel verstand sich auf Visionen und Träume jeder Art" (Daniel 1,17; ELB).*

„Und in jeder Angelegenheit, die der König von ihnen erfragte und die ein verständiges Urteil erforderte [Und in jeder Sache von Weisheit des Verständnisses, die der König von ihnen suchte], fand er sie allen Wahrsagepriestern und Beschwörern, die in seinem ganzen Königreich waren, zehnfach überlegen" (V. 20; ELB).

Bei Joseph erkennen wir außerdem übernatürliche Weisheit, wie der ausgelegte Traum umgesetzt werden soll. Als der ägyptische Pharao von einer kommenden Hungersnot träumt, weiß Joseph unmittelbar, was in welchem Maß getan werden muss, um Unheil abzuwenden. Dieser Rat war nicht die Folge von langen Beratungen und Berechnungen, sondern ein Wort der Weisheit.

„Dass aber dem Pharao zweimal geträumt hat, bedeutet, dass Gott solches gewiss und eilends tun wird. Nun sehe der Pharao nach einem verständigen und weisen Mann, den er über Ägyptenland setze, und sorge dafür, dass er Amtleute verordne im Lande und nehme den Fünften in Ägyptenland in den sieben reichen Jahren und lasse sie sammeln den ganzen Ertrag der guten Jahre, die kommen werden, dass sie

Getreide aufschütten im Auftrag des Pharao zum Vorrat in den Städten und es verwahren. Der Ertrag diene dem Land als Vorrat in den sieben Jahren des Hungers, die über Ägyptenland kommen werden, dass das Land nicht vor Hunger verderbe" (1. Mose 41, 32–36; LU).

Es verwundert nicht, dass der Pharao schnell wusste, wen er in dieses Amt einsetzen wollte.

Geniale Erfindungen und praktische Lösungen wie im Abschnitt „Liebevoller. Kraftvoller. Konkreter." ordne ich ebenfalls dem Wort der Weisheit zu. Hier spüre ich die Notwendigkeit, den Ratschluss Gottes für weitere Bereiche der Gesellschaft zu suchen und zu erwarten. Ganz gleich, ob es sich um Schulen, Problembezirke, Politik, Wirtschaft, Kunst oder Umwelt handelt. Das Wort der Weisheit kann bahnbrechende Erfolge ermöglichen.

Zuletzt verbinde ich die Impulse, die zu Kraftwirkungen und Wundern führen, aus dem Abschnitt „Der Zusammenhang von Wundern und Gehorsam" ebenfalls mit dieser Gabe. Wenn Naaman sich siebenmal im Jordan untertaucht, dann wird er genesen *(vgl. 2. König 5)*. Keine natürliche Weisheit, aber meiner Meinung nach ein Wort der Weisheit.

Das Wort der Erkenntnis

Als Jesus am Brunnen Pause macht und auf sein Mittagessen wartet, kommt er mit einer Frau ins Gespräch *(vgl. Johannes 4,1–42)*. Er möchte ihr Herz für tiefere Wahrheiten öffnen, aber sie weiß nicht genau, worauf er hinauswill. Plötzlich fordert Jesus sie auf, doch ihren Mann zu holen. Als sie ihn wissen lässt, dass sie nicht verheiratet ist, stimmt er ihr zu und präzisiert ihre Aussage: *„Du hast richtig gesagt: ‚Ich habe keinen Mann.' Denn fünf Männer hast du gehabt, und der, den du jetzt hast, ist nicht dein Mann; das hast du recht gesagt" (V. 17–18; LU).*

Dies ist ein klassisches Wort der Erkenntnis. Das Wort der Erkenntnis ist ein übernatürliches Wissen über Details im Leben einer Person in der Gegenwart oder Vergangenheit. Das kann der Name sein, der Geburtstag, Wohnort, die Anzahl von Affären (wie eben gesehen), aktuelle Schmerzen, Krankheiten, der Hochzeitstag, Jubiläen, Unfälle und vieles mehr. Diese Gabe, dieses Wissen zeigt einer Person, dass Gott sie sieht und wirklich kennt. Mit der richtigen Herzenshaltung löst diese Gabe beim Empfänger eines Wortes der Erkenntnis Glauben aus. Gott sieht mich, Gott kennt mich, ich bin ihm nicht egal oder nur eine Zahl von vielen Milliarden.

Im eben genannten Beispiel nutzt Jesus sein Wissen nicht, um die Frau anzuklagen, sondern um über eine tiefe Sehnsucht in ihrem Herzen zu sprechen und ihr eine Lösung dafür anzubieten *(V. 13–14)*. Das bringt uns zu einem wichtigen Punkt. Paulus sagt treffend: *„Wenn ich mit Menschen- und mit Engelzungen redete und hätte der Liebe nicht, so wäre ich ein tönendes Erz oder eine klingende Schelle. Und wenn ich prophetisch reden könnte und wüsste alle Geheimnisse und alle Erkenntnis und hätte allen Glauben, sodass ich Berge versetzen könnte, und hätte der Liebe nicht, so wäre ich nichts" (1. Korinther 13,1–2; LU).*

Erkenntnis ohne Liebe, ohne das Herz Gottes dahinter, ist bestenfalls wertlos, schlimmstenfalls eine wirkungsvolle Waffe, um Menschen zu verletzen. Denn wenn ich übernatürliche Informationen habe und Menschen dadurch merken, dass Gott zu mir spricht, ich dann aber nicht sein liebendes Herz zeige, dann repräsentiere ich ihn falsch und das kann zu Angst, Distanz, Scham und Verdammnis führen. Aus diesem Grund ist es so wichtig, dass wir nicht nur in den Gaben wachsen, sondern dem Meister auch in seiner vollkommenen Liebesfähigkeit immer ähnlicher werden.

In einem Gottesdienst habe ich erlebt, wie der Prediger eine Person beschrieb, mit Alter, Sitzplatz, einer detaillierten Beschreibung eines Autounfalls (inkl. Autofarbe) und ihrer gegenwärtigen Diagnose Brustkrebs. Danach prophezeite er ihre Heilung. Diese Person wurde im selben Augenblick geheilt und alle Knoten lösten sich auf.

Da das Wort der Erkenntnis über die Gegenwart und Vergangenheit spricht, öffnet es Herzen („Gott kennt mich") und bereitet Betreffende darauf vor, Weiteres zu empfangen. Im Fall der Frau war das Glaube für Heilung, in anderen Fällen kann es eine Hilfe sein, zukunftsgewandte (prophetische) Worte zu glauben, da man ja schon eine präzise Bestandsaufnahme gehört hat.

Falls du dich jetzt fragst, wie man ein Wort der Erkenntnis denn empfängt:

Häufig weiß ich einfach etwas und das hat wiederum viel mit der Beziehung mit dem Heiligen Geist zu tun (siehe Abschnitt „Unterscheiden lernen ist entscheidend)". Man kann Worte der Erkenntnis aber auch träumen, hören oder bildlich vor sich sehen. Die Bibel weiß von Gesichten und Visionen *(vgl. Joel 3)*. Das sind innerliche oder äußerliche Bilder, Filme oder Worte, die einem etwas Bestimmtes sagen. Ich kenne einen Propheten, der Filmszenen auf einem

Bildschirm sieht, aus denen er Details beschreibt. Andere wiederum lesen Begriffe. So weiß ich von einem Pastor, der in einer Hotellobby über einem Geschäftsmann das Wort Ehebruch las und dann einen Frauennamen hörte. Als er ihn liebevoll, dezent und dennoch völlig herausfordernd am Aufzug ansprach, wurde dieser Mann, der ein Christ auf Abwegen war, vor einem großen Fehler bewahrt.

Im Bereich Heilung erleben es viele so, dass gewisse Körperstellen kurz schmerzen, eindeutig heiß oder kalt werden bzw. wie elektrisch kribbeln. Dies ist ein Hinweis, dass Gott genau an dieser Stelle jemanden jetzt heilen möchte. Ich habe es hundertfach erlebt. Ich diente in einer christlichen Universität, als mein Brustkorb begann heiß zu werden. Ich gab den Hinweis weiter, dass ich vermutete, dass der Heilige Geist jemanden am Herzen heilen wollte. Vor mir brach ein junger Mann in Tränen aus. Er hatte von Geburt an einen Herzfehler. Als ich das Wort aussprach, begann sein Herz spürbar zu brennen, und er wusste, dass Gott am Werk war.

Noch filigraner erlebte ich es in einer Bibelschule in Afrika. Die Spitze meines rechten großen Zehs wurde eiskalt. Ein junger Mann stellte Sekunden später seinen Fuß auf meinen Tisch. Genau an dieser Stelle war eine monatelange, eitrige Entzündung. Er wurde unmittelbar schmerzfrei und innerhalb von wenigen Tagen war alles abgeheilt. Es gäbe so viele Geschichten zu erzählen. Eine der lustigsten ist die, dass ein prophetisch begabter Mann aus den USA die geheime Kontonummer eines reichen Unternehmers bekam. Als er sie ihm weitergab, war der so erstaunt, dass er bald sein Leben Jesus gab.

Wie bei allen Gaben sei gesagt, dass man sie ausprobieren muss. Gaben sind kostenfrei, aber wir müssen sie zur Reife bringen. Das bedeutet üben, Fehler machen, nachjustieren, wieder wagen, gewinnen, sicherer werden, entschuldigen. Wer nicht wagt, der nicht gewinnt. Wir brauchen Orte, Gemeinden, Gruppen, an denen wir einander fürs Üben und Wagen feiern und nicht erst feiern, wenn wir es perfekt können.

„Vernachlässige nicht die Gnadengabe in dir, die dir gegeben worden ist durch Weissagung mit Handauflegung der Ältestenschaft! Bedenke [Übe] dies sorgfältig; lebe [sei] darin, damit deine Fortschritte allen offenbar sind" (1. Timotheus 4,14–15; ELB).

Die Gabe des Glaubens

Hier ist nicht die Rede von Glauben (Vertrauen), der durch unsere Beziehung zum Herrn wächst. Früher wirkte diese Gabe für mich nicht so entscheidend. Heute sehe ich das ganz anders. Als Jesus darauf angesprochen wird, ob er die Fähigkeit hat, in einer konkreten Notsituation zu helfen, lässt er den Bittenden Folgendes wissen: *„Wenn du das kannst? Dem Glaubenden ist alles möglich. Sogleich schrie der Vater des Kindes und sagte: Ich glaube. Hilf meinem Unglauben!" (Markus 9,23–24; ELB).*

Das ist häufig ein kontrovers diskutiertes Thema. Aber das Wort Gottes ist eindeutig. Glaube, Vertrauen ist notwendig, um Gottes Wirken zu sehen und zu erleben. Ganz gleich, ob wir zigfach die Bestätigung von Jesus hören: *„Dein Glaube hat dir geholfen" (z. B. Lukas 7,50),* oder an die klare Antwort von Jesus an seine Jünger denken, als sie jemandem helfen wollten und es ihnen nicht gelang: *„Warum konnten wir ihn nicht austreiben? Er aber sprach zu ihnen: Wegen eures Kleinglaubens (andere Handschriften lesen Unglauben). Denn wahrlich, ich sage euch: Wenn ihr Glauben habt wie ein Senfkorn, so könnt ihr sagen zu diesem Berge: ‚Hebe dich dorthin!', so wird er sich heben;*

und euch wird nichts unmöglich sein" (Matthäus 17,19–21; LU) – jemand braucht Glauben. Entweder der Beter oder der Hilfesuchende. Es gibt Situationen, da hat Jesus nichts mitbekommen, nicht „aktiv" geglaubt, aber Menschen in Not haben durch ihren Glauben Rettung erfahren, so wie die blutflüssige Frau aus Matthäus 9,20–22. In anderen Fällen, vor allem, wenn ein Mensch in Not nicht wirklich selbst erwartungsvoll war, sehen wir, dass es oftmals kühnere Glaubensschritte von Jesus brauchte, z. B. Finger in die Ohren und mit Speichel die Zunge berühren, um Kraftwirkungen freizusetzen *(vgl. Markus 7,33).* Auweia!

Als ich das erkannte, bekam diese Gabe ein ganz anderes Gewicht. Die Gabe des Glaubens ist eine übernatürliche Fähigkeit, in einer Situation zu glauben. Losgelöst von meinen Erfahrungen und meinem gewachsenen Glauben. Manche mit dieser Gabe leben fast dauerhaft in einem Zustand von „Alles ist möglich"!

Ich habe dieses Geschenk u. a. erlebt, als wir zu einer Goldenen Hochzeit nach Frankreich fliegen mussten. Morgens hatte unsere Tochter plötzlich starke Ohrenschmerzen und sie besserten sich auch durch mehrfaches Gebet nicht. Als ein Arzt sie untersucht hatte, ließ er uns wissen, dass sie unmöglich fliegen könne, da die Gefahr bestünde, dass ihr Trommelfell platzen könnte. In Frankreich sind solche Familienfeste sehr wichtig. Wir konnten uns nicht vorstellen, es einfach zu wagen. Wir hatten Hoffnung („Gott kann theoretisch"), aber keinen Glauben („Gott WIRD sie bewahren"). Das Schöne am Glauben ist, dass er immer Schritte gehen kann! Denn wenn Jakobus sagt: *„Glaube ohne Werke (ist) tot" (vgl. Jakobus 2,26),* dann ist ein wahrer, lebendiger Glaube solcher, der Werke tut – und Schritte wagt. An diesem Punkt waren wir damals aber nicht, deswegen beteten wir und baten Gott um Hilfe. Und wie aus dem Nichts kam plötzlich eine Gewissheit über mich, dass wir reisen können. Ich wusste ohne den Hauch eines Zweifels, dass es meiner Tochter gutgehen würde und wir die Reise einige Stunden später antreten könnten.

Genau so war es. Die Ohrenschmerzen verschwanden, wir flogen und sie hört perfekt. Nachdem die Gabe des Glaubens ihr Werk getan hatte, wäre es emotional schwerer gewesen, nicht zu fliegen. Es wäre anstrengender gewesen, sich Sorgen zu machen und zu zweifeln.

Wir dürfen und sollen uns nach höheren Gaben ausstrecken *(vgl. 1. Korinther 12,31).*

Gaben der Heilungen

Wir sind alle eingeladen, aus Glauben Kranke zu heilen *(vgl. Markus 16,18).* Darüber hinaus ist es das Privileg der Ältestenschaft, aus Glauben und kraft ihres Amtes Heilung zu erwarten *(vgl. Jakobus 5,14–15).* Dann gibt es, und schon das lässt aufhorchen, Gaben der Heilungen. Plural. Der Plural deutet an, dass es hier verschiedene Schwerpunkte zu geben scheint. So weiß ich von einem teuren Freund, der eine besondere Gnade für Rücken- und Wirbelsäulenprobleme hat. In der Praxis erlebe ich es so, dass manche Menschen eine besondere Gnade haben, wenn sie für Kranke beten. Dies ist nicht in erster Linie die Frucht ihres Glaubens, sondern eines der Geschenke des Heiligen Geistes. Diese Personen spüren manchmal, wie ihre Hand anfängt zu brennen. Dann wissen sie, dass „die Kraft des Herrn zum Heilen da ist“ *(vgl. Lukas 5,17*). Heilungen geschehen dann sehr einfach, spektakulär und zahlreich. Ähnlich wie bei allen Gaben lohnt es sich, weitere Literatur oder Trainingsmöglichkeiten zu suchen, die in die Praxis hineinleiten.

Wunder- und Machtwirkungen

Wasser wird zu Wein, Brot und Fisch vermehren sich. Manche zählen auch das Auferwecken von Toten dazu, andere ordnen das bei Heilung ein. Durch diese Gabe wird die Dominanz Gottes, die Tatsache, dass er über allen Naturgesetzen steht, sichtbar. Er ist der Schöpfer, die Schöpfung und alles Erschaffene ist ihm untergeordnet. Ich persönlich habe diese Gabe bisher meist im Kontext technischer Geräte erlebt, wie im Abschnitt „Selbst schuld" an meinem Laptop. Aber auch spektakulär bei einer Ölpumpe im Motor eines Wohnmobiles und der eigenen Spülmaschine.

Ich würde sagen, dass auch hier fast immer ein Glaubensschritt ausschlaggebend ist. 600 Liter Wasser schöpfen *(vgl. Johannes 2)*, 10.000 Menschen in Gruppen je 50 aufteilen *(vgl. Lukas 9,14)*. Und bei meinem Laptop war damals schon das vor ihm Stehen und Befehlen etwas ungewöhnlich.

Weissagung

Das ist wohl die Gabe, über die es mit am meisten zu sagen gibt. Dieser Abschnitt wird dem nicht gerecht werden. Es gilt, sich hier weiter zu informieren, wenn man in diesem Bereich wachsen möchte. Im Unterschied zum Wort der Erkenntnis bezieht sich Weissagung/Prophetie auf Zukünftiges. Es spricht von dem, was kommen wird. Im Neuen Testament sind wir alle eingeladen zu prophezeien. *„Strebt nach der Liebe! Bemüht euch um die Gaben des Geistes, am meisten aber darum, dass ihr prophetisch redet!" (1. Korinther 14,1; LU)*.

Wir sollen uns bemühen, über Zukünftiges reden zu können. *„Wer aber prophetisch redet, der redet zu Menschen zur Erbauung und zur Ermahnung und zur Tröstung" (1. Korinther 14,3; LU)*. Der Begriff

Erbauung kann architektonisch verstanden werden, im Sinn von Aufbau. Man denke an eine Säule, die im Gebäude eingezogen wird. Ermahnung kann ohne Wenn und Aber auch als Ermutigung übersetzt werden und von Tröstung haben wir gehört. Prophetie bewirkt diese Dinge. Sie offenbart Menschen, Gemeinden, Werken, Städten, Orten und Nationen Zukünftiges.

Ganz am Anfang unseres Dienstes, als wir eine kleine Truppe (aber mit großer Vision) waren, habe ich ein einschneidendes prophetisches Wort bekommen. Ein prophetisch begabter Mann, heute ein Freund und Mentor, sah mich und meine zukünftigen Aufgaben. Er sprach von einem sich entwickelnden apostolischen Dienst. Er ließ mich wissen, dass ich viele Menschen „Glauben, Kämpfen und Leben" lehren würde und viele Wege auch für andere bahnen und viel Dickicht wegräumen würde. Gott hätte Ressourcen für mich und meine Familie und für all die Menschen und Aufgaben, die er uns anvertrauen würde. Er sagte mir auch, dass ich in einer Aufbauphase sei und mich daran gewöhnen solle, dass ich viel Widerstand erleben werde. Lebenslang. Das sei nicht, weil ich etwas falsch mache, sondern Teil der Berufung.

Gerade dieser letzte Teil war für mich unglaublich ermutigend, obwohl das schwer vorstellbar ist. Ich hatte schon gespürt, dass es gewisse Dynamiken gibt, wenn man als Pionier eine neue Arbeit aufbaut, und dieses Wort war für mich Ermutigung, innere Auferbauung und tiefer Trost. Bis zum heutigen Tag. *„Dieses Gebot vertraue ich dir an, mein Kind Timotheus, nach den vorangegangenen Weissagungen über dich, damit du durch sie den guten Kampf kämpfst […]" (1. Timotheus 1,18 ELB).*

Durch prophetische Worte sollen wir befähigt werden, im Glauben vorwärtszugehen und standhaft zu sein. Abraham hatte die Zusage, dass er ein leibliches Kind mit seiner Sarah haben würde, und obwohl sie beide schon alt waren, „*[…] sah er seinen eigenen, schon erstorbenen Leib an, da er fast hundert Jahre alt war, und das Absterben des Mutterleibes der Sara und zweifelte nicht durch Unglauben an der Verheißung Gottes, sondern wurde gestärkt im Glauben, weil er Gott die Ehre gab. Und er war völlig gewiss, dass er, was er verheißen hat, auch zu tun vermag. Darum ist es ihm auch zur Gerechtigkeit gerechnet worden" (Römer 4,19–22; ELB).*

Prophetische Worte sind wie eine Lampe an einem dunklen Ort, die uns den Weg weisen *(vgl. 2. Petrus 1,19–21).*

„Prophetische Rede verachtet nicht. Prüft aber alles und das Gute behaltet" (1. Thessalonicher 5,20-21; LU). Über den Umgang mit Prophetie gibt es viel zu sagen. Botschaften müssen empfangen, ausgelegt und in der richtigen Art und Weise und zum richtigen Zeitpunkt weitergegeben werden. Im Anschluss ist der Empfangende aufgefordert zu prüfen. Geprüft wird anhand von drei Kriterien: 1. Stimmen die Worte überein mit dem Wort Gottes? 2. Wer ist der Bote? 3. Hat man ein „inneres Zeugnis" vom Heiligen Geist – das heißt, eine innere, übernatürliche Gewissheit über eine Angelegenheit?

Im Neuen Bund haben wir alle durch den Heiligen Geist einen direkten Draht zu Gott. Es braucht eine eigene Bestätigung, um ein Wort anzunehmen oder dementsprechend zu handeln. Falls dies nicht der Fall ist, kann man es entweder ablehnen oder getrost erstmal ins Regal stellen. Manchmal macht ein Wort erst Jahre später

Sinn. Ein falsches Wort macht einen im Neuen Testament nicht zum falschen Propheten. Dieser Begriff wird für Irrlehrer, Verführer und Geldgierige genutzt.

Ich selbst habe schon viele Worte bekommen, die ich zum Teil nicht greifen konnte, oder die ich so nicht sehen konnte. Persönlich würde ich sagen, dass Menschen es gut gemeint haben, aber dass sie an einigen Stellen nicht sehr präzise waren. Diese Worte stehen im Regal, und wenn der Heilige Geist möchte, kann er darüber mit mir sprechen oder sie lebendig machen.

Wenn ein Wort als wahr angenommen wird, dann ist es unsere Aufgabe, diese Worte durch Glauben und konkrete Schritte Realität werden zu lassen. Sind Worte Warnungen, Gefahren und ähnliches, ist es legitim, gegen diese Worte und für Schutz und Erbarmen zu beten.

Abschließend möchte ich auf das Wesen von Prophetie hinweisen. Johannes schreibt: *„Das Zeugnis Jesu aber ist der Geist der Weissagung" (Offenbarung 19,10; LU).* Das kann man verschieden auslegen in diesem Kontext. Ich möchte betonen, dass Weissagung von Jesus zeugt. Man erkennt durch sie sein liebendes, reines, heiliges, weises, klares Wesen.

In 1. Korinther 14,24–25 schreibt Paulus: *„Wenn aber alle weissagen und irgendein Ungläubiger oder Unkundiger kommt herein, so wird er von allen überführt, von allen beurteilt; das Verborgene seines Herzens wird offenbar, und so wird er auf sein Angesicht fallen und wird Gott anbeten und verkündigen, dass Gott wirklich unter euch ist" (ELB).*

Die Begriffe „überführt, beurteilt“ klangen für mich immer sehr kritisch. Auch das „Verborgene des Herzens“ entsprach in etwa „Leichen im Keller“. Heute weiß ich, dass das Wesen Jesu ganz anders ist. Das Verborgene im Herzen können Träume, Sehnsüchte und Schmerzen sein, die er in seiner Liebe anrühren möchte. Dinge, von denen niemand etwas weiß. So habe ich einmal erlebt, wie einer sehr burschikos wirkenden Frau ein Wort über ihre Zartheit und Sehnsüchte gegeben wurde und wie das ihre Zukunft beeinflussen würde. Die Tränen, die ihr übers Gesicht liefen, waren unzählbar.

Das Wort „überführt“ bedeutet auch „überzeugen“ und „beurteilen“ kann man auch als „erkannt werden“ verstehen. Man muss diese Worte unbedingt im Kontext des Herzens Jesu verstehen. Er überzeugt uns von der Liebe Gottes, er kennt uns mit allen Stärken und Schwächen. All dieses Wissen setzt er nie gegen uns ein. Im Gegenteil, seine Sehnsucht ist Erlösung, Heilung und Freiheit.

Mehrfach habe ich erlebt, wie zerbrochenen Menschen prophetisch gedient wurde. Mit Worten der Erkenntnis, die über Vergangenheit und Gegenwart sprachen, und dann Weissagung, die ihre Zukunft beschrieben hat. So hörten entmutigte, hoffnungslose, unmotivierte, traurige, faule, finstere Männer und Frauen, was Gott über ihre Zukunft denkt und was bei ihm möglich wäre. Prophetie hat die Kraft, Leben zu verändern!

Prophetische Worte werden wie Worte der Erkenntnis empfangen. Ich ergänze Trancen. Das sind übernatürliche Erlebnisse, wie z. B. in Apostelgeschichte 10, in die der Empfangende mit einbezogen ist, sie also nicht nur sieht. Man ist Teil des Geschehens. Auch geben Engel prophetische Weisung oder Ansagen weiter *(z. B. Matthäus 2,13+19)*, wobei das nicht unter die Geistesgaben gezählt werden kann.

Die Gabe der Geisterunterscheidung

Ich liebe Petrus. Leidenschaft, loyal, mutig, auf dem Weg. In wenigen Versen hintereinander schafft es Petrus, von drei unterschiedlichen Quellen inspiriert zu sein:

vom Heiligen Geist, vom Feind und von sich selbst.

„Da antwortete Simon Petrus und sprach: Du bist der Christus, des lebendigen Gottes Sohn! Und Jesus antwortete und sprach zu ihm: Selig bist du, Simon, Jonas Sohn; denn <u>Fleisch und Blut haben dir das nicht offenbart, sondern mein Vater im Himmel</u>" (Matthäus 16,16–17; LU).

„Petrus nahm ihn beiseite und fuhr ihn an und sprach: Gott bewahre dich, Herr! Das widerfahre dir nur nicht! Er aber wandte sich um und sprach zu Petrus: <u>Geh weg von mir, Satan!</u> Du bist mir ein Ärgernis; denn du meinst nicht, was göttlich, sondern was menschlich ist" (V. 22–23; LU).

„Petrus aber antwortete und sprach zu Jesus: Herr, hier ist gut sein! Willst du, <u>so will ich</u> hier drei Hütten bauen, dir eine, Mose eine und Elia eine" (Matthäus 17,4; LU).

Das ist eigentlich der Kern der Gabe der Unterscheidung der Geister: Aus welcher Quelle stammt etwas? In diesen drei Bibelstellen geht es um Offenbarungen, Ratschläge und Warnungen und schlichte Ideen. Gerade die zweite Begebenheit bewegt mich immer sehr. Petrus meint es eigentlich nur gut, kümmert sich um seinen Freund, möchte nicht, dass er stirbt. Aber in diesem Fall sind diese menschlichen Gedanken konträr zum Willen Gottes und dadurch teuflisch.

Es geht bei dieser Gabe auch darum, Manifestationen zu unterscheiden, wie ich schon im Abschnitt „Bist du es, Heiliger Geist?“ erklärt habe.

Sehr hilfreich ist diese Gabe im Bereich Heilungsgebet und Seelsorge. Wenn wir Menschen, die Hilfe brauchen, dienen, dann ist es entscheidend, ob etwas körperliche oder geistliche Ursachen hat. Mehrfach trieb Jesus einen Geist aus, wenn eine Person körperliche Heilung suchte. So erfahren wir zum Beispiel bei einem Tauben und einer gekrümmten Frau, dass die Ursachen ihrer Leiden geistlich waren. Heilungsgebet ist hier Befreiungsgebet. Dafür muss man unterscheiden können.

„Als nun Jesus sah, dass die Menge zusammenlief, bedrohte er den unreinen Geist und sprach zu ihm: Du sprachloser und tauber Geist, ich gebiete dir: Fahre von ihm aus und fahre nicht mehr in ihn hinein! Da schrie er und riss ihn heftig hin und her und fuhr aus“ (Markus 9,25–26; LU).

„Und siehe, eine Frau war da, die hatte seit achtzehn Jahren einen Geist, der sie krank machte; und sie war verkrümmt und konnte sich nicht mehr aufrichten“ (Lukas 13,11; LU).

Gleiches gilt für die Seelsorge. Vielfach habe ich erlebt, dass gewisse Probleme nicht zuerst seelischer Natur sind, sondern dass sie Befreiung bedürfen. Ich hörte mal einen Seelsorger sagen: „Das Fleisch kann man nicht austreiben und Dämonen nicht zu Jüngern machen.“ Es ist wichtig, dass wir unterscheiden können, ob es einen Prozess von Jüngerschaft braucht (Wahrheit erkennen, umdenken, überwinden etc.) oder Befreiung. Natürlich sind in der Praxis diese Dinge oftmals miteinander verwoben.

Auch hier stellt sich wieder die Frage: Wie findet diese Unterscheidung statt? Alles, was für Prophetie und Worte der Erkenntnis gilt, gilt auch hier. Wissen, sehen, träumen, Visionen, Gesichte, fühlen. Ich füge hinzu: riechen. Ich habe erlebt, wie ich sowohl einen echten übernatürlichen Wohlgeruch erlebt habe in der Gegenwart Gottes (sicherlich kein Parfüm von der Sitznachbarin), als auch abscheulichen Gestank in Kontexten, wo Befreiung notwendig war.

Meine Frau erlebte es zuerst, später, weil ich es so hilfreich fand, auch ich. Wenn wir heute für Menschen beten und eine dämonische Komponente involviert ist, hören wir manchmal einen Pfeifton, der sich in der Länge unterscheidet. Je länger, desto intensiver die Bindung. Wir haben gelernt zu unterscheiden, was diese Töne bedeuten und wie wir darauf reagieren sollen. Ich betete einmal für eine junge Frau. Das Gebet war gekennzeichnet von Frieden, Berufung, prophetischer Rede. Plötzlich hörte ich bei geschlossen Augen einen eindringlichen Ton in meinem Ohr. Ich kenne das schon, aber es wirkte völlig konträr zur Atmosphäre. Als ich die Augen öffnete, sah ich, wie die Frau die Augen verdrehte. Nach weiterem Gebet und Austausch wurde klar, dass es eine sehr reale Bindung gibt. Kurze Zeit später war sie frei und fühlte sich tief erleichtert.

Wenn diese Gabe sehr ausgeprägt ist, dann sehen Menschen zum Teil glasklar die unsichtbare Welt. Das heißt, sie können Engel und Dämonen so sehen, wie sie einen Menschen sehen. Hier gibt es

Abstufungen. Ein Freund von mir hat einmal im Traum den Geist gesehen, der für die Magersucht einer Freundin verantwortlich war. Ein anderes Mal saß er in der S-Bahn, und als er die Person vor sich anschaute, sah er messerscharf den Geist, der diese Person quälte.

Wenn man das nicht gewohnt ist, mag einen das erschrecken und weitere Fragen aufwerfen. Auch wenn hier nicht die Möglichkeit besteht, das weiter auszubreiten, sei doch so viel gesagt: Viele Probleme auch in unseren Breitengraden, auch in den Gemeinden, haben mit dämonischen Bindungen zu tun. Ein guter Freund von mir, den ich schon über längere Zeit begleitete, saß mir im Büro gegenüber, als ich plötzlich sah, dass er von etwas/jemandem gebunden war. Nach einer Stunde war er befreit und ein lästiges Lebensgefühl verschwunden. Wer das erlebt, ist bereit, auch den Widerspruch auszuhalten, der mit dieser Thematik manchmal einhergeht. Ich rate zum Bibelstudium und dazu, den Heiligen Geist zu bitten, einen in diesem Bereich zu lehren und zu gebrauchen.

Beenden möchte ich diesen Abschnitt mit dem Hinweis, dass die Gabe der Unterscheidung der Geister auch dazu dient, Motivationen zu erkennen. Wir reden hier nicht von Misstrauen und Menschenkenntnis, sondern der Tatsache, dass der Heilige Geist einem die Tiefen der Herzen zeigt, manchmal auch die inneren Motoren und verborgenen Motive. So habe ich vor Jahren erlebt, dass Gott mir bei einer Person, die ich lange begleitet habe, in einem Traum warnend gezeigt hat, dass sie sich durch falsche Karriereambitionen in eine falsche Richtung locken ließ. Das war mir im Natürlichen gänzlich verborgen, aber es sollte sich bewahrheiten.

Die Gabe des Sprachengebets und die Gabe der Auslegung

Diese zwei Gaben behandeln wir gemeinsam, da die eine ohne die andere keinen Sinn macht.

An Pfingsten sprachen die Jünger perfekt in irdischen Sprachen und somit konnten viele in Jerusalem von den Großtaten Gottes hören *(vgl. Apostelgeschichte 2,8–11)*. Das haben wir ausführlich besprochen. Die Sprachen, die nicht irdische Sprachen sind, müssen durch den Heiligen Geist ausgelegt werden, sonst sind sie nicht von Nutzen für die Gemeinde und niemand profitiert davon.

„So auch ihr: Da ihr euch bemüht um die Gaben des Geistes, so trachtet danach, dass ihr sie im Überfluss habt und so die Gemeinde erbaut. Wer also in Zungen redet, der bete, dass er's auch auslegen könne" (1. Korinther 14,12–13; LU).

Für mich hat sich schon immer die Frage gestellt, worin der Sinn besteht, Botschaften in unverständlichen Sprachen zu empfangen. Heute denke ich, dass es drei Hauptgründe gibt. 1) Die Botschaft in Sprachen und dann die Auslegung ist oft prophetischer Natur, sie geht, wenn sie in dieser Form kommt, am Verstand und unseren Filtern vorbei. 2) Es braucht Glauben und 3) es braucht Demut.

Es hat schon etwas Ungewohntes, in unverständlichen Worten vor einer Gruppe von Menschen zu stehen und zu reden. Die beiden Tugenden Glauben und Demut aber ziehen den Heiligen Geist auf besondere Weise an. Und so erlebe ich es dann auch meist. Manchmal spürt man, dass man eine „Sprachenrede hat". Man beginnt also in Sprachen zu reden. In meinem Fall kann ich danach einfach in Deutsch weitersprechen, und während ich rede, kommen mir Worte, Bilder, Bibelstellen und Gefühle. Das formt sich zu einer Botschaft! Während ich in Sprachen zur Versammlung rede, weiß ich nicht, was meine Worte bedeuten. Ich bekomme die Botschaft auch nicht als fertigen Satz oder Gedanken. Es fühlt sich für mich vielmehr wie auf Wasser laufen an. Ich beginne, und Schritt für Schritt kommt etwas dazu.

Andere erleben den Part der Auslegung eher bildlich. Sie sehen die Botschaft, andere spüren sie und wieder andere wissen es einfach. In einer praktischen Übung erlebte ich mal, wie ich bei der Auslegung ein Bibelwort mit Wasser hatte, jemand anderes sah Wasser und eine weitere Person fühlte sich zutiefst erfrischt. Wir hatten alle auf unterschiedliche Weise die Auslegung empfangen.

Das Besondere an dieser Gabe, die von Glauben und Demut gekennzeichnet ist, ist, dass der Heilige Geist diese gewählte Schwachheit gerne mit Kraft krönt und dadurch die manchmal unspektakulären Worte eine andere Durchschlagskraft bekommen.

„Meine Gnade genügt dir, denn meine Kraft kommt in Schwachheit zur Vollendung. Sehr gerne will ich mich nun vielmehr meiner Schwachheiten rühmen, damit die Kraft Christi bei mir wohnt" (2. Korinther 12,9; ELB).

Ich denke, diese beiden Gaben sind unterschätzt. Einmal mehr die Ermutigung, sie im eigenen Leben auszuprobieren, in Kleingruppen, aber auch in unseren Gottesdiensten.

7.3. Die Geistesgaben – deine Pfeile im Köcher

Diese Geistesgaben sind unterschiedliche, machtvolle Pfeile in unserem Köcher. Sie sind Werkzeuge, um das Reich Gottes zu bauen, Waffen gegen das Reich der Finsternis und Liebkosungen für sein Volk. Der Heilige Geist verteilt sie, wie er will, und gleichzeitig reagiert er auf unser Bitten. Wir müssen diese Gaben zur Reife bringen und dazu müssen wir üben und lernen. Das Ziel der Taufe im Heiligen Geist und der Gaben in unserem Leben ist, eine verlorene Welt mit der Kraft und Liebe Jesu zu konfrontieren und sein Volk zu stärken und zu heilen, vor allem aber – zu lieben. Denn die Liebe steht am Anfang allen göttlichen Wirkens und die Liebe sollte stets die Triebkraft und das Ziel aller ausgelebten Begabungen im Reich Gottes sein. So möchte ich auch hier noch einmal Paulus zitieren, der seine Abhandlung über die Geistesgaben mit folgendem Einschub unterbricht: *„Strebt aber nach den größeren Gaben! Ich will euch etwas zeigen, das alle diese Gaben übertrifft! Wenn ich in den unterschiedlichsten Sprachen der Welt, ja, sogar in der Sprache der Engel reden kann, aber ich habe keine Liebe, so bin ich nur wie ein dröhnender Gong oder ein lärmendes Becken. Wenn ich in Gottes Auftrag prophetisch reden kann, alle Geheimnisse Gottes weiß, seine Gedanken erkennen kann und einen Glauben habe, der Berge versetzt, aber ich habe keine Liebe, so bin ich nichts. Selbst wenn ich all meinen Besitz an die Armen verschenke und für meinen Glauben das Leben opfere, aber ich habe keine Liebe, dann nützt es mir gar nichts. (…) Glaube, Hoffnung und Liebe, diese drei bleiben. Aber am größten ist die Liebe“ (1. Korinther 12,31–13,13).*

8. APPETIZER – KOSTPROBEN AUS DEM LEBEN MIT DEM HEILIGEN GEIST

Wir sind am Ende des Buches angelangt und gefühlt gibt es noch so viel zu sagen. Aber wie könnte man eine Beziehung und eine so wunderbare und vielfältige Person auch in knapp 220 Seiten packen? Eigentlich unmöglich. Mein Wunsch ist, dass etwas von diesem wunderbaren Heiligen Geist sichtbar und erfahrbar wurde und dadurch Sehnsucht geweckt und/oder Liebe zu ihm bestärkt wurde.

Ich möchte dieses letzte Kapitel nutzen, um diese vielen Gedanken noch einmal für unseren Alltag herunterzubrechen und dir mit auf den Weg zu geben. Ja, ich möchte dir noch einmal „Appetit" auf ein Leben machen, in dem du „die Liebe in Aktion" siehst!

8.1. Flüsternde Liebe

Natürlich beginnt alles damit, dass man mit Jesus lebt und er Herr und Retter ist. Wir haben gehört, dass der Heilige Geist Gott mit uns ist. Gott ist also da und nah. Diese Wahrheit lohnt es sich im Alltag zu kultivieren. Vielleicht morgens nicht gleich den ersten Blick aufs Handy und Social Media zu richten, sondern erstmal mit dem Herrn zu reden. „Du bist da, du liebst mich heute Morgen. Ich liebe dich auch! Ich liebe deine Gegenwart. Dieser Tag gehört dir!"

Der Heilige Geist ist eine Person und die Beziehung zu ihm darf gepflegt werden. Gewöhne es dir an, Zeit für ihn zu schaffen. Jede Beziehung braucht Zeit. Ich mache das früh am Morgen, du wirst herausfinden, wie es für dich und dein Leben am besten ist. Aber es ist nicht nur diese besondere Zeit. Der Heilige Geist geht ja mit. Er ist immer bei uns. Lerne es im Alltag, auf dem Weg, zwischen Arbeitsschritten auf den Herrn zu schauen. Sprich mit ihm. Kurze Sätze: „Ich liebe dich, danke für deine Hilfe!" Bete das Wort Gottes, auswendig gelernte Verheißungen und Sätze. Am Anfang ist es ungewohnt, aber nach einiger Zeit (nach wenigen Wochen) beginnt man die Gegenwart Gottes zu spüren, wenn man sein Wort meditiert. Es ist köstlich. Manchmal übernimmt der Heilige Geist auch die Initiative und taucht spürbar auf, dann reagiere auf ihn und halte inne.

8.2. Liebe, die leitet

Suche und lebe in der Kraft des Heiligen Geistes. Falls du bis jetzt die Taufe im Heiligen Geist noch nicht erlebt hast, bete oder lass für dich beten. Bete viel in Sprachen. Es sensibilisiert dich für den Heiligen Geist. Ich persönlich bete im Alltag viel in Sprachen, im Auto, beim Spazierengehen, beim Kochen. Auch wenn ich Entscheidungen treffen muss, bete ich in Sprachen und denke die verschiedenen Optionen durch. Oft spüre ich, wie ich innerlich Klarheit bekomme, was nun dran ist. An anderen Stellen bekomme ich einen klaren „Download" vom Himmel und eine konkrete Strategie von ihm geschenkt.

Mein beständiges Gebet ist, dass ich sein Reich bauen und Menschen mit seiner Liebe berühren möchte. Das beginnt natürlich bei meiner Familie, Freunden, Gemeinde und erstreckt sich dann auch auf Menschen, die ich noch gar nicht kenne. Ich erlebe, wie der Heilige Geist mir Impulse, Gedanken, Ideen gibt. Kleinigkeiten, Lieblichkeiten, Worte. Ich erwarte, dass der Heilige Geist mir zuarbeitet in Gesprächen, ganz gleich, ob es Leitungsmeetings sind oder Seelsorge. Ich rechne mit seinen Gaben und wende sie im Alltag an.

8.3. Liebe, die tröstet

Ich liebe das Leben, meine Familie und Freunde. Aber natürlich gibt es auch bei mir immer wieder traurige, sehr schwere Momente; Einsamkeit, Schmerz und Sehnsucht. Ich bin sehr froh, dass ich den Heiligen Geist als treuen, verständigen, loyalen Begleiter, Freund und Herrn habe. Ich flüchte zu ihm, wenn ich in Not bin, wenn mein Innerstes schreit, wenn ich mich ärgere, frustriert oder wütend bin. Er hält das aus. Wenn Versuchung nach mir greift, rufe ich um Hilfe oder ich drücke ihm aus, dass er es wert ist, zu überwinden. Wenn ich Fehler mache und ihn betrübe, bitte ich ihn um Vergebung.

Abschließen möchte ich das Kapitel mit drei Geschichten, die ein wenig davon erzählen, was geschieht, wenn wir gelernt haben, auf den Heiligen Geist zu reagieren und es auch tun.

Ich möchte mehr davon.

8.4. Liebe, die heilt

Ich bin mit meiner Tochter an einem gemeinsamen Abend unterwegs, als sie, völlig untypisch für ihre Person, laut ruft: „Schau mal Papa, ein Coca-Cola-Auto!!“ Ich kann die Begeisterung nicht wirklich verstehen, immerhin ist es einfach ein Auto mit Werbung drauf. Der Abend ist schön und ich bin dankbar, dass ich innerlich Kapazität für Familie und Freunde habe, weil ich nicht von Alltagslasten erdrückt bin. Obwohl es schon viele herausfordernde, anspruchsvolle Lebens- und Arbeitsbereiche gibt. Das verdanke ich dem Heiligen Geist.

Am Tag drauf bin ich eingeladen, bei einem Alpha-Kurs über Heilung zu sprechen. Auf meiner Fahrt sehe ich plötzlich ein Coca-Cola-Auto. Ich kenne dieses Gefühl. Es ist kein Zufall, dass meine Tochter gestern so reagiert hat, der Heilige Geist möchte zu mir sprechen. Coca-Cola, aber was?

Auf meiner Fahrt komme ich eigentlich nur zu zwei Schlüssen. Entweder arbeitet jemand bei der Firma, den du heute berühren möchtest, oder jemand verträgt das Getränk nicht. Ähnlich wie Laktose-Intoleranz. Da haben wir so viele Heilungen gesehen in den letzten Jahren. Ich lehre über Heilung und möchte am Ende für Kranke beten. Ich denke, der Impuls mit Coca-Cola ist ein Wort der Erkenntnis. Ich muss es versuchen, egal, wenn es nicht funktioniert.

Ich erkläre kurz, was ich empfinde. Eine Frau mit Migrationshintergrund winkt. Sie liebt Cola, kann es aber jahrelang schon nicht mehr trinken. Sie weiß nicht, warum. Wir beten, ihr wird heiß. Der Heilige Geist spricht, gibt noch ein Wort der Erkenntnis und heilt ihre Schilddrüse. Prophetische Worte über ihr Leben und ein Wort der Weisheit. Am Ende erlebt sie die Taufe im Heiligen Geist. Erst einige Zeit vorher hatte sie sich Jesus angenähert und war zum Glauben gekommen. Einige Wochen später klingelt mein Telefon immer wieder mit einer mir unbekannten Nummer. Sie ist es. Sie ist geheilt und hatte einen Traum von einer Person mit ernsthaften Beschwerden. Sie hat diese Person getroffen, Hände aufgelegt, sie wurden ganz heiß und die Schmerzen dieser Person wurden spürbar gemildert.

Es stimmt also, sie hat während der Geistestaufe die Gabe der Heilung empfangen, wie es prophetisch ausgesprochen wurde. Fantastisch. So soll es immer sein. Ich liebe dieses übernatürliche, natürliche Leben mit dem Heiligen Geist. Er spricht und handelt und es ist es so wert, ihn und seine Stimme zu kennen.

8.5. Liebe, die rettet

Ich laufe auf dem Flughafen von einem Gate zu einem anderen. Plötzlich spüre ich die Gegenwart Gottes. Ich habe gelernt, darauf zu reagieren, auch wenn ich noch viel wachsen kann. Jesus tut, was er den Vater tun sieht, und so möchte ich es auch. Ich will in den vorbereiteten Werken laufen. Das ist einfacher.

Ich halte kurz inne und sage ihm, dass ich ihn wahrnehme, dass ich das liebe und genieße. Ich bleibe vor einem Restaurant stehen und da kommt dieser ca. 50-jährige Mann und starrt mit mir in die Karte. Es ist gar nicht meine Art, aber ich fühle so eine Freiheit und Freude, also spreche ich ihn an, ob wir gemeinsam frühstücken wollen. Ein freundlicher Herr aus Polen. Wir kommen auf das Thema Jesus, natürlich. Er ist als Katholik groß geworden und weiß sehr wenig vom lebendigen Glauben. Ich erkläre ihm das Evangelium. Das berührt ihn, klingt aber, so sagt er, viel zu schön, um wahr zu sein. „Doch", versichere ich ihm. „Es gibt Heilsgewissheit!" Ich will es ihm in der Bibel zeigen. Mache ich auch. Ich öffne den Römerbrief und lese mit ihm einige Zeilen.

Ein Mann steht auf, um das Restaurant zu verlassen. Er wendet sich zu uns und reicht meinem neuen polnischen Freund eine Serviette. Darauf steht die Stelle aus dem Römerbrief, die wir gerade lesen.

Der Mann sagt, dass er das Gefühl hat, dass diese Zeilen für mein Gegenüber wichtig sind. Der schaltet schnell. Es sind die gleichen Worte. „Ihr kennt euch“, mutmaßt er. „Nie gesehen!“, antworte ich. Das ist zu viel für ihn. Das bekommt er nicht zusammen. Ich natürlich schon. Ja, so ist er, unser Gott. An diesem Tag übergibt er sein Leben noch nicht an Jesus, aber er wird das nicht vergessen. Ich bin satt, das Frühstück war köstlich, und ich bin begeistert.

Eine andere Reise, aber eine alte Gewohnheit. Beim Check-in versuche ich wahrzunehmen, welchen Platz ich nehmen soll. Ich habe schon seit Tagen für meinen Sitznachbar gebetet. Ich denke, er ist auch so Anfang dreißig. Ich steige ins Flugzeug ein und bin gespannt. Gleich komme ich zu meiner Reihe. Ich zähle schon mal die Reihen, um zu schauen, wer die „umbetete“ Person ist. Das kann nicht sein. Aber auch nach mehrfachem Zählen ändert sich nichts. Ich sitze neben einem ca. 20-jährigen Mädchen, die versucht zu flirten, als ich mich neben sie setze.

So was von verhört. Das gibt's ja nicht! Ich fange am besten einfach an, einen Film zu schauen, was Besseres fällt mir nicht ein. Leise empfinde ich, dass der Heilige Geist mich ermutigt, doch mit ihr zu reden. Normalerweise hätte ich da gar kein Problem, aber ich ärgere mich über mich. Wie hatte ich mich beim Beten so verhört? Ach egal, höflich sein, kurzer Smalltalk und vielleicht kommt ja doch etwas dabei raus. Aus Smalltalk wurde nichts. Sie war Iranerin auf dem Weg in die USA. Und als sie erfuhr, dass ich Jesus kenne, da musste sie endlich ihre Fragen loswerden. Ihre beste Freundin hatte alles verlassen und verloren, um diesem Jesus nachzufolgen. Ihre Familie hatte sie verworfen und sie war ihres Lebens nicht mehr sicher. Aber unter keinen Umständen wollte sie diesen Jesus wieder verlassen. Wer war er? Warum macht sie das? Gute Fragen und wie schön, dass ich sie beantworten durfte …

9. EINE FRISCHE BRISE WEHT – ZEIT, DIE SEGEL ZU SETZEN

Die Szenen, die mich immer wieder am meisten berühren, sind die, in welchen Jesus einfachen Menschen wie dir und mir begegnet und sie auffordert, ihm nachzufolgen.

„Simon Petrus, komm!", „Johannes und Jakobus, folgt mir!", „Maria, komm!"

Was haben diese Menschen damals wohl empfunden? Begeisterung, Ehre, Abenteuerlust oder auch Angst, Unsicherheit und Ohnmacht? Da stehen wir nun und – im Bild gesprochen – weht ein frischer Wind und die Einladung zu einem großen Abenteuer liegt in der Luft. Denn da gibt es mehr im Leben mit Jesus, und ich höre den Heiligen Geist flüstern: „Komm mit, fürchte dich nicht"! Alles, was du auf diesen Seiten gelesen hast, kannst du auch selbst erleben! Wenn du Jesus als deinen Herrn und Erlöser angenommen hast, dann ist der Heilige Geist bereits IN dir und kann und will dir genauso begegnen wie mir – als Anwalt, Helfer, Tröster, Beistand, Ratgeber oder kurz: als nahbarer Gott und engster Vertrauter.

Aber ich möchte dich ermutigen, weiterzugehen. Lass dich neu rufen, einladen und auffordern, ihm nachzufolgen. Vielleicht ist es dein nächster Schritt, die Taufe im Heiligen Geist zu erleben. Und das ist überhaupt nicht kompliziert, wie ich damals selbst erfahren durfte.

Gott-Vater hat es sich ausgedacht, und Jesus liebt es, uns zu taufen. Unsere Aufgabe ist lediglich zu bitten. Manche sind innerlich vielleicht längst an diesem Punkt angelangt, euch lade ich ein, mit mir zu beten. Wer das noch nicht kann oder möchte, warte getrost ab.

Nimm dir einen Augenblick. Wenn du möchtest, lege etwas Musik auf. Beginne mit Anbetung und danke Gott für all das Gute in deinem Leben. Wenn es etwas gibt, was zwischen dir und ihm steht, benenne es und bitte ihn um Verzeihung. Beim Beten wirst du spüren, wann es dran ist, und dann bete doch in etwa diese Zeilen:

Vater im Himmel, ich liebe dich!
Das, was ich gehört habe, berührt mein Herz.
Alles, was du zu geben hast, möchte ich haben.
Den Jüngern hattest du die Taufe mit dem
Heiligem Geist versprochen.
Das möchte ich auch.
Ich möchte ein effektiver Zeuge für dich sein.
In meinem Alltag, in meiner Familie,
bei meinen Freunden und überall,
wo du mich hinsendest.
Ich verstehe noch nicht alles, aber das hindert mich nicht,
dich um die Taufe im Heiligen Geist zu bitten.
Gib mir alles, was du zu geben hast und was ich brauche.
Auch das Sprachengebet.
Ich bete voller Zuversicht, denn du hast gesagt:
Wenn wir um etwas bitten, dann werden wir es auch empfangen!
All das bete ich in deinem wunderbaren Namen, Jesus.
Amen!

Während ich diese Zeilen schreibe, spüre ich die Gegenwart des Heiligen Geistes besonders intensiv. Vielleicht kennst du diese wahrnehmbare heilige Präsenz Gottes auch. Die Gegenwart Gottes kann sich jedoch ganz unterschiedlich manifestieren. Manche erleben inneren Frieden, andere spüren Hitze oder eine Art inneres Feuer. Bei manchen glühen die Hände. Wieder andere werden mit Kraft durchströmt, manchmal fühlt es sich an wie Elektrizität. Oftmals „lagert sich" die Gegenwart Gottes auch wie eine warme schwere Decke auf und um uns. Nicht umsonst bedeutet das hebräische Wort für Herrlichkeit (*kavod*) u. a. Gewicht.

Wenn dem gerade so ist, dann lass es zu. Das wird ab jetzt öfters passieren, und es ist eine der wichtigsten Lektionen im Leben mit dem Heiligen Geist, dass man diese Momente wahrnimmt und zulässt. In dieser Atmosphäre öffne nun deinen Mund und beginne, in Sprachen zu reden. Verkrampfe dich nicht, sondern rede, bete einfach darauf los. Die Worte werden aus deinem Mund fließen. Es ist eine Sprache, die du nicht erlernt hast, noch verstehst du sie, aber *„im Geist redest du Geheimnisse" (1. Korinther 14,2).* Und nicht hetzen! Übergib dich ganz dem Heiligen Geist, wie wenn man immer tiefer ins Wasser läuft und die Strömung des Flusses einen mitnimmt. Hab keine Angst davor, lass die Kontrolle los und lass dich treiben! Es ist nicht kompliziert. Wenn du Frieden spürst, genieße ihn, wenn du Freude wahrnimmst, drück sie aus. Falls dir schmerzhafte Szenen vor Augen kommen, drücke sie nicht weg, sondern lass deinen Tränen freien Lauf. Vergib Menschen, wenn es dran ist, und segne sie. Lass Menschen los oder bitte selbst um Vergebung.

Der Heilige Geist ist da und weiß, was er tut. Zerrede es nicht, sondern genieße die Gemeinschaft und folge seiner Führung!

Für diejenigen, die noch nicht an diesem Punkt sind: Ihr könnt immer wieder diese Stelle aufschlagen und zu einem anderen Zeitpunkt beten. Vielleicht gibt es noch Dinge, die euch bewegen oder unsicher machen. Keine Sorge. Der Heilige Geist wirbt um euer Vertrauen.

Falls du gebetet hast und es nicht so erlebst, wie ich es gerade aufgezählt habe, mach auch du dir keine Sorgen. Ich habe euch weiter vorne im Buch von mir erzählt: Ich habe am Anfang gar nichts gespürt oder Besonderes erlebt und dennoch empfangen. Auch ohne Gefühle oder spürbare Gegenwart gilt deshalb: *„Öffne deinen Mund, Gott wird ihn füllen!“ (frei nach Psalm 81,11).*

Die meisten kenne ich nicht persönlich, aber ich wünsche dir, dass auch du den Heiligen Geist kennenlernst – als **nahbaren Gott, engsten Vertrauten und größten Wunderwirker**! Ich wünsche mir, dass dieses Buch dich näher zu ihm zieht. Ich wünsche dir, dass du seine Sanftmut, Zartheit, aber auch Kraft, Vollmacht, Weisheit und Heiligkeit kennenlernst. Suche ihn, wage es. Investiere Zeit, lass nicht locker, probiere dich aus. Sei mutig. Die Geistestaufe ist für dich. Die Gaben auch. Verherrliche ihn in deinem Leben. Lass dich gebrauchen. Sei ein Partner oder eine Partnerin in seinem Werk. Berühre sein Herz, ehre ihn. Mach andere mit ihm bekannt. Aber vor allem: Lass dich immer wieder überwältigen von seiner unfassbaren Liebe und seinem wunderbaren Wirken! Auf dass du fasziniert werdest von einem Leben in der Kraft und Gegenwart des Heiligen Geistes!

All das für:

„Das Lamm, das geschlachtet ist,
würdig, zu nehmen
Kraft und Reichtum,
Weisheit und Stärke,
Ehre, Preis und Lob."

(nach Offenbarung 5,12)